인성교육,
미래를 만나다

인간 · 경계 07
인성교육, 미래를 만나다

2022년 6월 25일 초판 인쇄
2022년 6월 30일 초판 발행

엮은이 | 가톨릭대학교 인간학연구소
교정교열 | 정난진
펴낸이 | 이찬규
펴낸곳 | 북코리아
등록번호 | 제03-01240호
주소 | 13209 경기도 성남시 중원구 사기막골로 45번길 14
우림2차 A동 1007호
전화 | 02-704-7840
팩스 | 02-704-7848
이메일 | ibookorea@naver.com
홈페이지 | www.북코리아.kr
ISBN | 978-89-6324-879-0 (93370)

값 18,000원

* 이 저서는 2019년 대한민국 교육부와 한국연구재단의 지원을 받아 수행된 연구임(NRF-2019S1A5C2A04083120)

인간·경계 07

인성 교육, 미래를 만나다

가톨릭대학교 인간학연구소 엮음

북코리아

서문

3년을 되돌아보다

어느새 3년이라는 시간이 흘렀다. 3년 전 한국연구재단의 인문사회연구소지원사업에 지원 한번 해보자는 동료 교수의 제안에 선뜻 의기투합한 몇몇 교수가 모여 제안서를 냈다. 6년 동안 어떤 일을 할 것인지 계획하며, 만약 우리가 선정된다면 6년 사업을 마치고 모 교수의 육순 생일을 축하하자는 우스갯소리를 했던 기억이 불현듯 떠오른다. 그 시간의 절반이 지나가고 있다.

3년이라는 시간을 되돌아보니 참으로 많은 일을 했다는 생각이 든다. 인성교육을 잘하는 대학으로 정평이 난 가톨릭대학교에서 인성교육을 더 잘해보겠다는 일념으로 '경계-모듈형 CUK 인성교육'을 제안했다. 무에서 유를 창조해내는 것도 어려운 일이지만, 잘하고 있는 것을 좀 더 잘하게 하는 것이야말로 훨씬 더 어렵다는 것을 이번에 확실히 경험했다. 흔히 말하는 '고도화'를 이루기 위해서는 몇 배의 노력이 더 필요하다는 사실을 깨달았다.

지금은 우리에게 달려온 3년을 되돌아보고, 달려가야 할 3년을 내다봐야 하는 혜안이 필요한 시기다. 그런 의미에서 이번 총서는《인성교육, 미래를 만나다》로 기획했다. '경계-모듈형 CUK 인성교육'의 첫 번째 책《인성교육, 경계에 서다》, 두 번째 책《인성교육, 방법을 묻다》는 인성교육을 어떤 내용과 방법으로 설계할 것인가에 대한 연구 결과를 담았다. 반면,《인성교육, 미래를 만나다》에서는 대학 인성교육이 나아가야 할 청사진을 어떻게 그려낼 수 있을지 고민했다.

코로나19가 가져온 혼돈 속에서 우리는 교육의 미래에 대해 많은 생각을 했다. 전 세계에 불어닥친 코로나19로 이웃과 사회, 공동체 간의 단절과 갈등은 걷잡을 수 없이 심각해졌다. 청년들은 미래에 대한 막연함에 사로잡혀 성숙한 시민의식과 배려, 나눔의 정신을 갖추기 전에 눈앞의 위기를 떨치기에 급급했다. 누구도 가보지 않은 불확실한 미래에 대한 두려움이 엄습해 있다 보니 인간다운 삶, 함께 추구해야 할 공동의 가치를 논의할 수 있는 담론의 장은 뒷전으로 밀릴 수밖에 없다. 인류가 직면한 위기를 타개하기 위해, 우리 앞에 놓인 문제를 해결하기 위해 누군가는 앞서나가야 한다. 불안감을 떨치고 새로운 패러다임을 설계해가며 미래사회를 만들어갈 수 있는 우리가 되어야 한다.

3년을 내다보다

우리는 3년 동안 '경계'에 대해 연구해오고 있다. 인간을 '경계에 선 인간'으로 규정하고, 경계를 구분 짓고, 경계를 넘나들며, 경계를 넘어갈 수 있는 인간, 판단력 · 유연성 · 통찰력을 갖춘 인간으로 성장할 수 있을 때 인류적 가치를 향해 나아갈 수 있을 것이라 보았다. 인류의 보편 가치를 실천적으로 행하는 것은 미래사회 인간으로서 지녀야 할 필수불가결한 요소다. 우리가 설계한 '경계-모듈형 CUK 인성교육과정'은 자기주도적인 실천역량을 핵심역량으로 설정하고 있다는 점에서 의미가 있다. 알고 이해하는 차원에 머물지 않고 행동하고 실천하는 차원에서 인성교육이 수행될 때, 우리가 지향하는 인성교육의 진정한 의미가 살아날 것이기 때문이다.

보편적 인성교육의 성과를 기반으로 우리는 개인맞춤형 인성교육을 설계해보고자 했다. 우리가 처한 서로 다른 구체적 경험 위에서 어떤 판단과 통찰로 더 바람직한 결정을 할 수 있는지에 대해 배워가는 과정을 만들어보고자 한 것이다. 이에 대해서는 1부 '경계-모듈형 CUK 인성교육과정의 의의와 성과'에서 자세하게 설명하고 있다. 경계-모듈형 CUK 인성교육과정 연구에 3년 동안 참여한 정은기 교수님과 김진아 연구원이 〈인간학〉 교과에 본 수업모형을 적용한 결과를 자세하게 분석하여 서술했다. 1장 'CUK 인성교육 모형 개발과 교과 운영'에서는 경계-모듈형 CUK 인성교육 모형을 개발한 과정을 집약적으로 보여주고, 이 수업모형이 적용된 구체적 사례를 제시하고 있다. 2장 '실천역량 강화를 위한 학생참여 〈인간학〉 수업 사례'에서는 학생들의 결과물 분석을 통해 학생들이 자기주도적으로 실천역량을 강화시킨 성과를 보여주고 있다.

이러한 연구가 진행될 수 있었던 것은 가톨릭대학교가 오랜 시간 인성교육을 시행하고 운영해왔기에 가능했다. 종교교육에서 출발한 가톨릭대학교의 인성교육은 종교가 본태적으로 지니고 있는 보편적 인류애, 사회적 책임 등을 보편적 인성교육의 핵심으로 고도화시켰다. 가톨릭 인본주의를 기반으로 한 인간에 대한 보편적인 앎과 이해를 통해 인간다운 인간의 삶을 사유하고 성찰하게 했다. 이에 대해서는 조윤아 교수님이 3장 '가톨릭대학교 인성교육의 성과와 전망'에서 가톨릭대학교 인성교육이 걸어온 길을 반추하고 걸어가야 할 길을 제시했다. 또한 대학이 더 이상 상아탑에 갇혀 있지 않고 지역사회에 개방하고 협업해야 한다는 시대적 요구에 맞춰 대학교육의 미래를 전망한 노선희 연구원의 '대학 인성교육에서 지역사회 평생교육으로의 확장'은 대학교육이 나아가야 할 방향을 제안했다.

마지막으로 '경계'의 개념으로 설정한 '구분 짓기', '넘어가기', '넘나들기' 키워드를 통해 미래 인성교육을 살펴보았다. 아날로그와 디지털의 경계선상에서 교육의 주체는 여전히 인간중심이어야 하며, 디지털 기술에 압도당하지 않고 디지털 기술을 어떻게 활용할 수 있는지에 대해 새로운 교육 방법론을 제시한 최재화 교수님의 5장 '구분 짓기: 미래 교육과 인성교육의 경계'를 눈여겨봐야 한다. 지식의 디지털 전환이라는 파격적인 개념으로, 교육평가의 패러다임을 전환하려는 시도 속에서 교수자와 학생의 역할, 그리고 배움과 지식 전승이라는 가치를 다시금 되새겨볼 수 있을 것이다. 오혜림 교수님의 6장 '넘어가기: 대학 인성교육에서 지속가능발전 개념의 통합적 가능성 모색'에서는 요즘 화두인 지속가능발전 개념을 고등교육에서 어떻게 적용하고 발전시킬 것인가에 대해 논의를 펼쳤다. 그리고 랜팅 왕, 오바이둘 하미드 교수님의 7장 '넘나들기: 새 시대 고등교육에서의 인성교육'에서는 동 · 서양의 인성교육에 대한 접근과 관점을 살펴보며 고등교육에서 인성교육을 위한 방안을 모색했다.

새로운 경계를 세우다

우리는 모두 경계선을 만든다. 신념, 가치관, 관점은 물론 관계를 맺거나 판단을 하는 데 있어 경계선을 긋는다. 경계선 안에 매몰되어 고착되지 않으려 경계신을 끊임없이 허물고, 한계를 넘어서기 위해 새로운 도전의 경계선을 생성한다. 우리가 연구한 '경계-모듈형 CUK 인성교육과정'도 하나의 경계선이 될 것이다. 지금까지는 인성교육의 한계를 뛰어넘으려는 과정이면서 동시에 새로운 경계 안에서 CUK 인성교육과정을 굳건하게 하려는 과정이기도 했다. 이러한 경계의 허묾과 생성은 인류의 지식이 발전해가는 과정의 일부일 것이다. 그 발전과정에 함께해준 모든 분께 감사 인사를 드린다. 본 연구과정에 공동연구원으로 동참해주신 구본만 신부님, 백민정 교수님, 백소연 교수님, 정은기 교수님, 최복희 교수님이 계셨기에 본 수업모형을 설계하고 〈인간학〉 수업에 적용해볼 수 있었다. 그리고 무엇보다 김진아 전임연구원, 노선희 전임연구원, 이소영 전임연구원이 없었다면, 수많은 비교과 프로그램을 기획하고 성공적으로 운영하는 것이 불가능했을 것이다. 아울러 이 모든 일이 순조롭게 진행될 수 있게 도와준 인간학연구소 임해량 선생님께도 감사의 마음을 전한다. 3권의 총서를 수월하게 출간할 수 있도록 애써주신 북코리아와 이찬규 대표님께도 고마움을 표한다. 마지막으로 가톨릭대학교 인간학연구소가 정체성을 잃지 않으며 자리매김할 수 있도록 물심양면 지원해주시는 가톨릭대학교 총장님께도 감사를 드린다.

2022년 6월

인간학연구소장 이상민

CONTENTS

CONTENTS

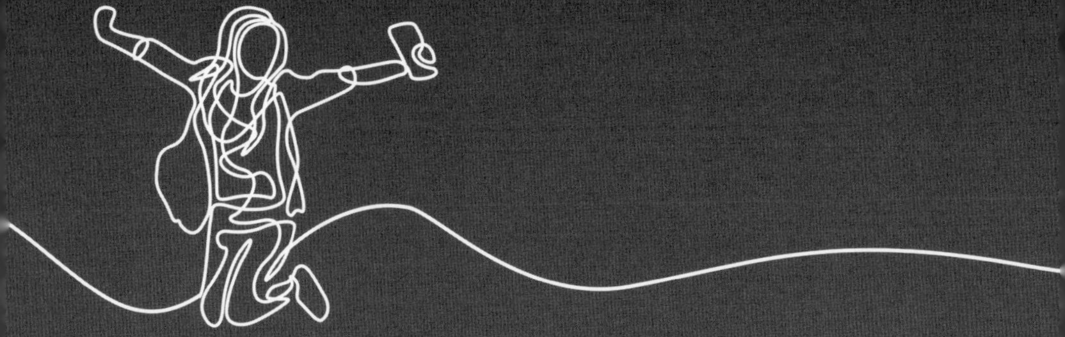

1부

경계-모듈형 CUK 인성교육과정의 의의와 성과

1장

CUK 인성교육 모형 개발과 교과 운영

2021년도 가톨릭대학교의 〈인간학 1·2〉 교과를 중심으로

—

정은기

들어가는 말

대학교육에서 인성교육은 2015년 제정된 〈인성교육진흥법〉으로 본격화되었다.[1] 공교육 체제 속에서 도덕 또는 윤리 교과의 이름으로 개인의 인성함양에 대한 교육이 시행되고 있었음에도 별도의 법을 제정하여 인성교육의 목적[2]을 명확히 한 것이다. 이는 개인의 영역으로 간주되

1) CUK 경계-모듈형 수업에서 설정한 인성교육 개념에 대한 설명은 다음 글을 참고했다. 차봉준, 〈대학 교양 교육과정과 인성교육〉, 《인성교육, 방법을 묻다》, 가톨릭대학교 인간학연구소 엮음, 북코리아, 2021, 43-73쪽.

2) 1조에서는 다음과 같이 이 법의 목적을 명확하게 제시하고 있다. "이 법은 〈대한민국헌법〉에 따른 인간으로서의 존엄과 가치를 보장하고 〈교육기본법〉에 따른 교육이념을 바탕으로 건

던 인성함양에 대해 국가의 개입이 정당화될 정도로 공동체 위기에 대한 사회적 공감대가 형성되었음을 의미하기도 한다. 자유주의적 윤리교육 차원에서 개인성을 강화한다는 점은 민주주의 사회의 중요한 전제에 해당한다. 그러나 이는 자칫 개인주의로 흘러 타자에 대해 스스로를 고립시키고, 타인의 고통에 대한 무관심을 정당화시킬 수 있다는 점에서 우려를 낳기도 한다. 다시 말해 공동체 구성원으로서의 개인이 시민으로서의 맥락을 상실하면서 인성교육이 공동체 내의 핵심의제로 요청되기 시작한 것이다.

이러한 사회적 요청에 부응하기 위해 현재 많은 대학에서 인성교육을 시작하고 있으며, 이제는 그간의 성과를 바탕으로 다양한 유형의 인성교육을 특화해 진행하고 있다. 가톨릭대학교 학부대학에도 대학생의 인성역량 강화를 위해 〈인간학 1 · 2〉, 〈그리스도교의 사상과 문화〉, 〈사랑 나누기〉 교과를 개설하여 운영하고 있다. 특히 〈인간학 1 · 2〉는 '나는 누구인가?'라는 물음을 통해 '인간이란 무엇인가?'라는 본질적인 질문에 답을 찾아가는 과정으로, 인간에 대한 보편적 이해를 목적으로 자아정체성, 공동체에 대한 교육으로 구성된 인문 중심의 인성교육이다. 또한 〈그리스도교의 사상과 문화〉는 '인간이란 무엇인가?'라는 질문에 대한 초월적 접근을 통해 인간에 대한 총체적 이해를 제공하는 종교교육 연계형 인성교육으로 구성되어 있다. 한편, 〈사랑 나누기〉는 이론적으로 학습한 가치를 삶의 현장에서 구체적으로 실천하는 사회봉사 중심의 인성교육에 해당한다.

이에 가톨릭대학교에서는 지금까지 축적된 인성교육의 성과를 바

전하고 올바른 인성(人性)을 갖춘 국민을 육성하여 국가사회의 발전에 이바지함을 목적으로 한다."

탕으로 본교의 강점이라 할 수 있는 인성교육을 특화하여 기존의 인성교육 프로그램이 지닌 한계를 성찰하고, 좀 더 학습자 친화적인 맞춤형 인성교육 개발에 대해 고민하게 되었다. 그리고 이러한 문제의식을 토대로 2019년도 '인문사회연구소지원사업'에 선정되었고, CUK 경계-모듈형 인성교육 교과 개발로 그 성과를 구체화하기 시작했다. 사업을 진행하는 과정에서 코로나19로 인해 다양한 유형의 수업 운영에 어려움을 겪기도 했지만, 온라인과 오프라인의 경계를 넘나들며 더욱 유동적인 수업모형 개발에 창의적으로 접근할 수 있는 계기가 되었다.

이 글은 지난 2차 연도까지 〈인간학 1〉과 〈인간학 2〉를 대상으로 진행된 경계-모듈형 수업 및 거기에 활용된 다양한 모듈 사례를 소개하는 보고서가 될 것이다.[3] 이 과정에서 교과와 비교과를 어떻게 연결해야 할지, 이론강의 중심의 수업을 강의실 밖의 실천적 행동으로 어떻게 연결할 수 있는지, 또 온라인과 오프라인의 유동적 연결로 환경적 제약을 극복하고 교육의 성과를 학교 밖으로 어떻게 확장할 수 있을지 등에 대해서도 함께 고민할 것이다. 이제 지난 2년 동안 CUK 인성교육과정연구사업단에서 수행한 경계-모듈형 수업개발 과정을 진단해보고 이를 바탕으로 앞으로 새롭게 마련될 인성교육의 미래를 전망해보고자 한다. 이를 통해 더욱 정교한 교육 모델이 마련될 수 있기를 희망해본다.

---

3) CUK 인성교육과정연구사업단에서 진행하고 있는 CUK 경계-모듈형 인성교육 수업모형 개발 과정 및 그간의 성과는 다음의 저서로 참고할 수 있다. 신승환 외, 《인성교육, 경계에 서다》, 가톨릭대학교 인간학연구소 엮음, 북코리아, 2020; 이상민 외, 《인성교육, 방법을 묻다》, 가톨릭대학교 인간학연구소 엮음, 북코리아, 2021.

CUK 경계-모듈형 인성교육 수업의 취지와 목적

대학에서 인성교육을 담당하고 있는 교수자로서 수업에서 가장 어려운 점은 무엇보다 학습자인 대학생들의 학습동기를 이끌어내는 것이다. 타인과 윤리적 관계를 맺는 시민의 능동성을 함양하는 교육임에도 역설적으로 학습자들은 가장 수동적으로 수업에 참여한다. 전공수업과 달리 기초교양 필수 교과는 학습자들의 자발적 의사와 상관없이 졸업요건 충족을 위해 이수해야 하는 교과목이다. 이에 본 연구자는 인성교육에 대한 교수자와 학습자의 문제의식을 다음의 네 가지로 나누어보았다. 이는 〈인간학 1 · 2〉 교과에 대한 학습자들의 오해이면서 현 단계 인성교육의 한계를 단적으로 보여주는 예라 할 수 있다.

첫째, 현 단계의 인성교육 프로그램은 사회적 요구와 실용성에 그 목적이 맞춰져 그 취지가 축소 · 왜곡되는 경우가 많다. '나는 누구인가?'라는 질문이 자기계발 과정의 하나로 축소되어 대인관계, 미래 탐색 및 진로설정 등의 차원에서 인성교육을 이해하는 경우가 많아 보인다. 그러다 보니 '나는 누구인가?'라는 질문을 심리적 '치유' 또는 '힐링'을 위한 수사적 표현으로 이해하는 경우를 종종 발견하게 된다. 이 과정에서 학습자들은 스스로를 자기 삶의 능동적 주체로 이해하는 것이 아니라 위로받거나 힐링 받아야 하는 수동적 대상으로 이해하는 경향이 있다.

둘째, 학습자들은 기존의 인성교육을 도덕 또는 윤리 교과로 이해하는 경우가 많다. 이는 "건전하고 올바른 인성(人性)을 갖춘 국민을 육성하여 국가사회의 발전에 이바지"할 것을 목적으로 하는 〈인성교육진흥법〉을 통해서도 충분히 짐작 가능한 부분이다. 학습자들은 이미 정해진 질서와 규칙을 '잘' 준수하는 것으로 인성교육을 이해한다. 특정 사안에 대해 어떻게 하면 윤리적 판단을 내릴 수 있을지에 대한 고민을 문제의 정답을 선택하는 교육으로 이해하는 것이다. 인성교육이 '착한 사람'을 기르는 교육이 아니라 스스로 자유로운 시민이라는 사실을 자각할 수 있도록 돕는 교육이 되어야 함에도 질서에 순응하는 수동적 인간으로 스스로를 이해하는 경우가 많다.

셋째, 기존의 인성교육 프로그램은 주제의 획일화로 학습자들이 처한 삶의 현장, 즉 지금 · 여기를 살아가고 있는 대학생들의 다양한 삶의 경험, 생애주기별 특성 등을 제대로 반영하지 못하고 있다. 보편적 인간 이해를 바탕으로 한 인문교양의 내용이 주를 이루다 보니, 학습자 개개인의 고유한 차이가 교육에 반영될 수 없었다. 보편 개념을 연역해낼 수 있는 개별적 사례로서의 학습자의 경험이 부재한 탓에 〈인간학 1 · 2〉에 대해 학습자들은 교과목의 추상성, 관념성 등을 지적하는 경우가 많았다.

마지막으로 기존의 인성교육 프로그램은 강의 운영이라는 형식적 측면에서도 공통의 주제와 획일화된 커리큘럼으로 학습자들의 다양한 삶의 환경을 설명하기에는 근본적인 한계가 따를 수밖에 없었다. 학습자인 대학생들은 스스로 성찰의 주체가 되어 개개인의 구체적 환경에 놓인 갈등과 혼란을 알아채어 극복해나가고 싶은 욕구를 지니고 있음에도 현 단계의 대학교육은 이를 온전하게 수용하지 못한 것이다. 이론강의를 통해 학습한 내용을 구체적 삶의 경험으로 구체화하지 못해 근본적 한계를 지닐 수밖에 없었다.

이러한 상황에서 학습자들의 구체적 경험을 고려하여 교육 내용을 구성하고, 그들을 단일한 하나의 전체로 바라보기보다 그들의 다양한 실존적 맥락을 고려한 맞춤형 인성교육의 필요성이 제기되었다. 이를 해결하기 위해 본 연구자가 참여하고 있는 CUK 인성교육과정연구사업단에서는 다음의 몇 가지 전제를 바탕으로 CUK 경계-모듈형 인성교과 모형 개발에 착수하여 수업을 개설하고 시범 운영했다.

① 기존의 인성교육 프로그램이 가지고 있던 획일화된 주제, 보편적 개념 위주의 강의에서 탈피하기 위해 교과의 주제를 학습자 맞춤형으로 세분화하여 최소단위의 개별 모듈을 설정했다. 이때 모듈은 주제별로 학습자가 처해 있는 다양한 삶의 맥락을 고려하여 구성했다(모듈북, CUK 클래스, CUK 책두레, CUK 스케치).

② 기존의 인성교육 프로그램이 가지고 있던 대학생에 대한 단일한 인식 태도에서 벗어나 학습자를 완전히 단절되지도, 또 새롭게 자리 잡지도 못한 채 존재하는 경계인이라는 관점으로 이해하고 그들에게 맞는 교육과정을 개발 · 운영했다. 특히 학습자인 대학생들이 자신이 처한 경계적 상황에 대한 대응 방식으로 '구분 짓기', '넘어가기', '넘나들기'라는 범주[4]를 선택하여 자기를 성찰할 수 있도록 했다.

③ 공통의 주제와 획일화된 커리큘럼으로 교수자가 학습자에게 일방적으로 수업을 제공하는 것이 아니라 학습자 스스로 자신의 실존적 맥락에 맞게 다양한 모듈을 선택하여 구성할 수 있도록 했다.[5] 이를 위해 온라인 플랫폼을 개발하여 개별 모듈들을 집적

---

4) CUK 경계-모듈형 수업에서 설정한 경계 범주에 대한 설명은 다음의 글을 참고했다. 구본만 외, 〈총론〉, 《인성교육, 경계에 서다》, 가톨릭대학교 인간학연구소 엮음, 북코리아, 2020, 137-153쪽.

5) CUK 경계-모듈형 수업에서 설정한 모듈 개념에 대한 설명은 다음의 글을 참고했다. 우정원, 〈모듈식 교육과 현대적 의의〉, 《인성교육, 방법을 묻다》, 가톨릭대학교 인간학연구소 엮음, 북코리아, 2021, 111-144쪽; 김은주, 〈모듈식 교육 플랫폼과 비교과 프로그램〉, 《인성교육, 방법을 묻다》, 가톨릭대학교 인간학연구소 엮음, 북코리아, 2021, 145-168쪽.

하고, 학습자들이 자유롭게 이용하는 것으로 학습자의 자기주도적 역량을 기를 수 있도록 구성했다.

CUK 경계-모듈형 수업의 구체적 사례

본 사업단에서는 경계-모듈형 인성교육과정 개발을 목적으로 다양한 교수 방법을 개발하고 이를 수업 과정에 적용하여 성과를 측정했다. 여기에서는 본 연구자가 참여한 '교과', '비교과' 과정 및 모듈북, 모듈강의 등의 '교육자료' 제작 과정을 소개하고 그 결과에 대해 성찰해보고자 한다. 본 연구자는 2021년 1학기 〈인간학 1〉, 2021년 2학기 〈인간학 2〉 2회에 걸쳐 경계-모듈형 수업모형을 설계하여 시범 운영했다. 〈인간학 1〉의 경우 '키워드선택형'[6]으로 참여했는데, 이는 2학기에 진행한 〈인간학 2〉에 비해 비교적 간략한 형식으로, 경계-모듈형 수업의 예비 단계에 해당한다고 할 수 있다. 2021년 2학기에 진행된 〈인간학 2〉는 좀 더 체계를 갖추고 다양한 주제와 다양한 활동을 모듈로 제작하여 구성한 수업모형이었다. 여기에서는 2021년도에 진행한 〈인간학 1〉, 〈인간학 2〉 교과를 중심으로 경계-모듈형 수업모형 시범 운영에 대한 구체적 사례를 소개하고자 한다.

6) 김진아 외, 〈모듈식 인성교육 사례분석: 경계-모듈형 CUK 인성교육과정〉, 《인성교육, 방법을 묻다》, 가톨릭대학교 인간학연구소 엮음, 북코리아, 2021, 199-230쪽.

경계-모듈형 수업의 시범 운영 사례

❙ 2021년 1학기 〈인간학 1〉 '키워드선택형' 수업모형 시범 운영 사례

본 연구자는 2021년 1학기에 〈인간학 1〉의 '키워드선택형' 수업모형을 설계하여 시범 운영했다. '키워드선택형' 수업모형은 기존의 〈인간학〉 교과가 지니고 있는 보편적 인성교육의 특성을 최대한 활용한 것이다. 수업은 '탐색-심화'의 2단계로 나누어 구성된다. '탐색' 단계에서는 〈인간학 1〉의 보편 주제들에 대해 학습하고, '심화' 단계에서는 학습자 개인의 개별적인 삶과 경험을 연결 짓는 다양한 활동으로 진행한다.

〈인간학 1〉 교과의 특성상 전반기를 "나를 알기", 후반기를 "관계 맺기"라는 보편 주제로 구성하여 '탐색' 단계를 설계했다. 전반기의 "나를 알기"에서는 ① '나는 누구인가?'라는 질문의 의미 ② 우리는 어디에서 온 것일까? ③ 우리는 어떻게 구성되어 있는가? ④ 나는 자유로운가?

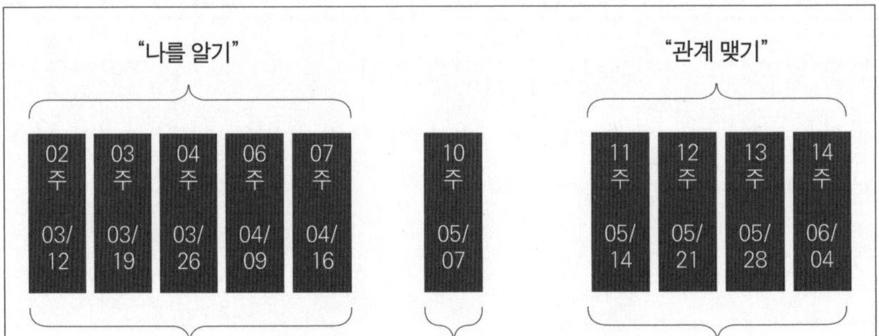

〈그림 1〉 '키워드선택형' 수업 구성

⑤ 인간은 존엄한가? 등 〈인간학 1〉 교재의 주제를 변주하여 자아정체성을 탐색하는 과정으로 구성했다. 〈그림 1〉에서와 같이 10주차 수업은 '심화' 단계로 구성하여 전반기 "나를 알기"의 내용을 각자의 구체적 삶과 경험 속에서 탐색하는 강의와 활동으로 구성했다. 또한 '심화' 단계를 매개로 "나를 알기"라는 주제에서 후반기의 "관계 맺기"라는 주제로 자연스럽게 확장할 수 있도록 구성했다. 후반기 "관계 맺기"에서는 ① 인격적 관계는 어떻게 형성되어야 하는가? ② 성숙한 사랑이란 무엇일까? ③ 윤리란 무엇인가? 등의 주제를 재구성하여 타자와 어떻게 관계를 형성해야 하는가에 대해 수업을 진행했다. 이 과정에서 '소소담담'이라는 명칭으로 개설되는 다양한 '비교과' 과정을 소개했으며, 이론강의에서 학습한 내용이 학생들의 구체적 활동으로 확장될 수 있도록 안내했다.

'키워드선택형' 수업모형은 보편적 주제를 학습하는 '탐색' 과정이 상대적으로 큰 비중을 차지하고 있다. 그러나 본 연구자는 '심화' 과정을 어떻게 설계하느냐에 따라 보편 주제에 대한 이해를 높이고, 수업을 통해 학습자의 효능감이 달라질 수 있다고 판단했다. 무엇보다 체계적인 설계와 사전 준비가 필요한 상황이었기에 10주차 수업은 '강의-활동-정리'라는 세 단계 세션으로 나누어 구성했다. 또한 온라인 강의와 오프라인 활동[7]으로 수업을 나누어 제한된 시간을 효과적으로 운영하는 데 초점을 두었다.

온라인 강의는 '구분 짓기' 범주에서 '선택-포기', '소유-나눔', '다름-틀림', '다가서기-거리두기' 키워드로, '넘어가기' 범주에서 '손님-주인', '익명-실명', '무관심-참여', '혐오-관용'의 키워드로 총 8개의 녹화

7) 코로나19로 인해 줌의 소회의실 기능을 통해 실시간으로 진행했지만, 오프라인에서 진행하더라도 방법상의 큰 차이는 없을 것으로 판단했다.

단계	내용
1세션 강의	✓ 구분 짓기 4개 주제와 넘어가기 4개 주제로 개설된 강의(각 25분) 중에서 총 2개 강의 선택 수강(구분 짓기 강의 1개 + 넘어가기 강의 1개 = 총 50분)
2세션 활동	✓ 활동 1 → 넘나들기 모듈북 중1개를 선택하여 10주차 실시간 강의에서 조별 토론 ✓ 활동 2 → 모듈북 중 1개를 선택하여 기말고사 전까지 개인별 심화활동 수행 → 심화활동 계획서 제출(필요한 경우 교수와 면담) → 관련된 비교과 프로그램 활용 가능
3세션 정리	✓ 2세션의 심화활동 결과물을 기말고사 전까지 제출 ✓ 심화활동 계획서와 심화활동 결과물은 중간고사 대체 과제로 25% 성적 반영

〈그림 2〉 '키워드선택형' 수업의 단계별 활동

강의를 사전에 제작하여 준비해두었다. 이때 녹화강의는 같은 유형으로 수업을 진행하는 교수자들과 협업하여 학습자들이 다양한 주제의 풀에서 강의를 선택할 수 있도록 제작했다. 학습자는 제공된 8개의 강의 중에서 자신의 경계적 상황(고민상황)을 설명할 수 있는 키워드 2개를 선정하고, 이에 해당하는 강의 영상을 사전 학습한 후 현장 강의에 참석했다(플립러닝).

온라인을 통해 사전 녹화 영상을 시청하고 수업에 참석한 학습자들은 동일한 주제를 선택한 학습자들과 모둠을 이루어 조별로 자유토론을 진행했다. 교수자는 조별 자유토론이 각자 자신의 경계적 상황을 설명할 수 있는 내용으로 구성되도록 지도했고, 학습자는 각자 자신의 개별 주제를 선정하여 토론에 임했다. 학습자들이 선정한 주제들은 대부분 자기 자신을 성찰하는 내용이었다. 가령, '나의 가능성 찾아가기', '나의 자존감 UP 프로젝트', '나를 사랑하는 세 가지 방법', '좀 더 성숙한 나를 위해', '나를 토닥이는 방법', '나의 인생 로드맵' 등과 같이 '나는 누구인가?'라는 질문을 변주하여 자신의 고민을 구체화하는 것들이었다.

학습자들은 조별 자유토론을 통해 자신의 주제를 정했으며, 프로젝트 실행 계획서를 작성하여 이를 구체화했다. 그리고 이후 11~14주차 동안 CUK 인성교육과정연구사업단에서 제공한 '모듈북'을 통해 개인별 심화활동을 진행했으며, 필요한 경우 담당 교수자와의 면담을 통해 구체적 실행계획을 점검했다. 그러나 '키워드선택형' 수업모형은 보편 인성교육의 이론강의가 수업의 주된 흐름을 이루고 있어 학습자의 선택이 다소 제한적이라는 한계를 지니고 있었다. 그러면서도 '탐색'과 '심화' 과정이 다소 느슨하게 연계되어 있어 본격적인 모듈형 수업을 진행하기 전의 과도기적 역할을 충실히 수행했다.

2021년 2학기 〈인간학 2〉 경계-모듈형 수업모형 시범 운영 사례

2021년 2학기 〈인간학 2〉의 경계-모듈형 수업모형은 1학기에 진행한 〈인간학 1〉 수업모형('키워드선택형')에 비해 고도화된 유형으로, 〈인간학 1〉에서 시범 운영한 '범주선택형' 모형과 '키워드선택형' 모형을 혼합하여 구성한 모형이다(이하 혼합형). 2학기에 시범 운영한 혼합형 모델은 16주차 전 과정을 모듈형으로 구성하여 학습자의 선택권을 강화했다. 학습자들은 각자 자신이 선택한 주제(범주)를 '탐색-심화-성찰'의 3단계에 걸쳐 학습할 수 있으며, '탐색-심화-성찰' 단계를 마친 후에는 정리 세미나를 통해 다른 친구들과 결과물을 공유하고 피드백을 주고받았다. 이렇게 4주의 과정을 하나의 세트로 하여 총 3개의 세트로 한 학기 수업

〈표 1〉 주별 강의계획

주차	대주제	공통강의 (25분)	모듈 1 (10분, 구분 짓기)	모듈 2 (10분, 넘어가기)	모듈 3 (10분, 넘나들기)
1	OT	강의 소개			
2	OT	〈인간학 2〉 모듈수업 소개			
3	유형 1 더불어 살기		약자와 배려	행복한 가정	고통
3		약자를 우선적으로 배려해야 하는가?	'공정'은 정의로운가?	가족으로부터의 독립은 필요한가?	고통의 원인은 무엇인가?
4		행복한 가정을 어떻게 실현할 수 있을까?	교환 vs. 선물	진정한 가족의 모습은?	고통은 어떻게 공유될 수 있는가?
5		고통은 왜 존재할까?	무조건적인 환대는 가능한가?	행복한 공동체를 위한 노력	고통에도 불구하고 용서해야 하는가?
6	유형 2 공동체와 행복		과학의 의미	환경 보호	행복과 노력
6		과학은 인간의 삶에 어떤 의미인가?	과학적 진리와 post-truth	기후위기에 대응할 수 있을까?	나는 지금 행복한가?
7		환경보호는 인간의 의무인가?	과학적 팩트 체크	환경에서 생태로	행복해지는 구체적인 방법
8		행복에도 노력이 필요한가?	과학적 팩트 체크가 우리 공동체를 행복하게 해줄까?	지속가능한 행복	진정한 행복을 찾아서
9		정리 세미나			
10	특강	인간학 특강 주간			
11	유형 3 희망하며 살기		죽음의 의미	인간과 종교	인간다운 삶
11		죽음은 어떤 의미를 지니는가?	오늘이 마지막 날이라면	인간은 왜 종교를 필요로 할까?	인간의 고유한 특성
12		하느님은 계시는가?	죽음에 관한 철학적 고찰	과학과 종교의 관계	인간다움에 대한 고찰
13		인간답게 살아간다는 것의 의미	죽음을 통해 내 삶 성찰하기	인간의 초월성과 영성	인간다움의 의미 찾기
14		정리 세미나			
15	보강 주	휴강			
16	평가	기말고사			

을 구성했다. 2021년 2학기 〈인간학 2〉에서 진행한 강의 커리큘럼은 다음과 같다.

한 학기 수업은 〈유형 1: 더불어 살기〉, 〈유형 2: 공동체와 행복〉, 〈유형 3: 희망하며 살기〉의 총 3개 세트로 구성되어 있다. 각각의 유형은 '탐색-심화-성찰'의 3단계 과정으로 구성되며, 3주차 과정이 끝난 후에는 '정리' 단계를 설정하여 '탐색-심화-성찰' 단계를 거치며 도출한 활동의 결과물을 분반의 모든 학습자와 공유한 후 마무리한다.

매주 2시간(2학점)으로 편성된 〈인간학 2〉의 경계-모듈형 수업은 플립러닝 방식으로 진행했다. 학습자는 교수자가 사전 녹화하여 제공하는 강의를 미리 학습한 후 수업에 참여한다. 수업[8]은 학습 내용에 대한 간단한 점검과 함께 학습자 자신이 선택한 관심 주제(모듈)에 대한 조별 활동으로 진행했다. 구체적인 운영 방법을 〈유형 1〉을 예로 들어 설명하면 다음과 같다.

① 〈유형 1〉은 3주차, 4주차, 5주차의 총 3주 과정으로 구성되어 있다. 6주차에 진행해야 할 정리 세미나는 10주차의 인간학 특강으로 대체했다. 새로운 유형이 시작되기 전 교수자는 학생들이 관심 주제를 선택할 수 있도록 '구분 짓기', '넘어가기', '넘나들기'의 범주별 주제를 사전 공지했다. 또한 자신이 처한 '경계적 상황'에 대한 대응법으로 '구분 짓기', '넘어가기', '넘나들기'의 의미를 충분히 설명했다. 이를 통해 학생들은 충분한 시간을 가지고 자신의 관심 주제를 선택할 수 있었다. 관심 주제 선택은 새

8) 당초 계획은 현장 수업으로 기획되었으나, 코로나19로 인해 온라인상에서 실시간으로 진행했다.

로운 유형이 시작될 때마다 동일한 방법으로 반복되었다.

② 교수자는 매 주차별 주제에 대해 공통강의(25분) 하나와 선택형 모듈강의 3개(각 10분)를 동영상으로 제작하여 수업 시작 전에 제공했다. 공통강의는 해당 분반의 담당 교수가 직접 제작했으며, 선택형 모듈강의는 다른 분반의 교수자와 협업을 통해 제작했다. 이때 개별 모듈강의의 주제는 공통강의의 주제와 연관성을 지닐 수 있도록 구성하는 것이 중요했다. 또한 '탐색-심화-성찰'의 각 단계별로 위계를 지닐 수 있도록 구성했으며, 이를 위해 교수자들 간 논의를 정례화하여 주제 및 사례를 선정했다.

③ 학습자는 수업에 참여하기 전 업로드된 공통강의 하나(25분)와 선택형 모듈강의 중 자신이 선택한 관심 주제(모듈, 10분)의 강의를 하나 수강하고(총 35분), 현장 수업 또는 온라인상의 실시간 수업에 참여한다. 수업 시간에는 녹화강의를 통해 학습한 내용을 점검한 후, 팀별 활동으로 수업을 진행했다.

④ 예를 들어 탐색 단계에 해당하는 3주차 강의를 진행하기 위해 교수자는 "약자를 우선적으로 배려해야 하는가?"라는 주제의 공통강의와 〈모듈 1: 구분 짓기 — '공정'은 정의로운가?〉, 〈모듈 2: 넘어가기 — 가족으로부터의 독립은 필요한가?〉, 〈모듈 3: 넘나들기 — 고통의 원인은 무엇인가?〉라는 3개의 선택형 모듈강의를 준비했다. 모든 주제는 경계-모듈형 수업이 진행되기 전에 학습자들에게 공지했으며, 학습자들은 자신의 관심 주제를 선정한 후 수업에 참여했다. 또한 교수자는 같은 주제에 참여한 학생들을 대상으로 4~5인의 모둠을 구성하여 준비한다. 3주차 활동은 '탐색' 단계인 만큼 직접 관련된 정보를 찾아 팀원들과 공유하며

모둠별 주제의 전체적인 지도를 그리는 단계라 할 수 있다.

⑤ 4주차도 3주차와 동일한 방법으로 수업을 준비했다. 교수자는 "행복한 가정을 어떻게 실현할 수 있을까?"라는 주제에 대해 하나의 공통강의를 준비하고, 이와 관련하여 〈구분 짓기〉, 〈넘어가기〉, 〈넘나들기〉에 해당하는 3개의 선택형 모듈강의를 준비했다. 학습자 또한 3주차와 동일한 방법으로 제공된 강의를 학습한 후 수업에 참여한다. 4주차는 '심화' 단계로 3주차의 '탐색' 단계에서 파악한 주제를 심화하여 숙의하는 단계다.

⑥ 5주차도 앞서 3, 4주차와 동일한 방법으로 진행했다. 다만 '성찰'에 해당하는 단계로 '탐색-심화' 단계를 거친 해당 주제를 자신의 삶과 경험에 적용해보는 단계라 할 수 있다. 특히 '성찰' 단계에서는 그동안의 활동을 통해 저마다 소결론을 도출할 수 있는 마무리 활동을 유도하는 것이 중요했다.

앞서 설명한 바와 같이 〈인간학 2〉의 경계-모듈형 수업은 관심 주제를 선택형 모듈강의로 제작하여 제공했다. 사례 중심으로 구성된 다양한 주제 가운데 자신의 경계적 상황에 맞는 주제를 직접 선택하여 자신의 수업을 직접 구성해야 하기 때문이다.

또한 CUK 인성교육과정연구사업단에서는 강의영상, 모듈북, 비교과 등 다양한 학습자료를 개발해 온라인 플랫폼을 통해 집적해놓았다. 학습자들은 홈페이지의 학습자료 풀을 통해 '탐색-심화-성찰'의 각 단계에 적합한 자료를 활용할 수 있었다. 일괄적으로 제공되는 강의 외에도 자기주도적으로 수업에 참여하여 각자 자신의 삶에 밀착된 내용으로 수업을 재구성하는 것이 가능하다. 강의를 토대로 학습한 내용을 온라인 플랫폼을 통해 제공하는 다양한 학습자료를 활용하면서 자기 삶의 고유성을 이해할 수 있도록 안내했다.

'탐색-심화-성찰'의 각 단계별 활동에 대한 구체적인 사례는 다음과 같다.

① '탐색(3주차)-심화(4주차)-성찰(5주차)'의 각 단계에서는 각 단계별 특성에 맞게 활동을 진행했다. 각 단계에서의 활동은 '탐색-심화-성찰'의 단계별로 위계를 설정하여 구성해야 하며, 평가에 반영되는 부분인 만큼 다른 활동의 소요시간, 난이도와 형평을 맞추어 구성하는 것이 중요했다.

② '탐색' 단계에서는 선택한 주제에 대해 전반적인 내용을 파악하는 단계로, 자료를 찾아 함께 읽거나 키워드를 뽑아 워드 클라우드를 작성하는 활동을 진행했다. 학생들은 스마트 기기를 활용하여 직접 자료를 검색하고 팀원들과 실시간으로 공유했다. 함께 자료를 읽는 활동은 자연스럽게 토론으로 이어져 모둠 활동의 친밀감을 형성하는 데도 많은 도움이 되었다. '탐색' 단계에서는 웹상에서 제공되는 다양한 협업도구를 활용하여 팀 활동을 진행하는 것이 학생들의 참여를 이끌어내는 데 많은 도움이 되었다.

③ '심화' 단계에서는 '탐색' 단계에서의 활동을 바탕으로 주제를 심화시킬 수 있는 내용으로 구성했다. 〈유형 1〉의 '심화' 단계에서는 해당 주제에 대해 '위키문서 제작하기', '교환을 넘어서는 선물 프로젝트 구상하기', '가상의 인터뷰기사 쓰기' 등의 활동을 진행했다. 또한 본 연구자는 별도의 활동지를 제작해 해당 활동

의 취지와 목적, 진행 방법 등을 소개했다. 활동지를 통해 단계별 소활동을 안내하고, 각각의 물음에 답하며 문제를 해결해나가는 과정에서 자연스럽게 활동을 마무리할 수 있도록 구성했다.

④ '성찰' 단계에서는 지금까지의 활동을 정리하는 차원에서 앞서 활동한 결과물을 활용하여 카드뉴스를 제작하거나 자신의 삶 또는 경험을 설명하는 에세이 쓰기 활동을 진행했다. 팀별로 카드뉴스를 제작하거나 개인별로 에세이 쓰기 활동을 통해 〈유형 1〉 활동을 마무리했다.

⑤ 마지막으로 '정리 세미나'에서는 '탐색-심화-성찰' 단계를 통해 산출된 결과물을 발표하고 함께 수업을 듣는 구성원들과 피드백을 주고받는 시간으로 구성했다. 모든 학생이 발표에 참여할 수는 없었기 때문에 팀별 또는 개별 결과를 사이버캠퍼스 내의 자유게시판에 업로드하여 누구나 댓글로 의견을 주고받을 수 있도록 유도했다. 다른 친구들의 결과에 댓글 참여를 유도하기 위해 온라인 참여도를 평가하여 점수를 부여하는 것도 좋은 방법이었다.

2021년 2학기에 진행한 〈인간학 2〉의 경계-모듈형 수업은 1학기의 〈인간학 1〉에 비해 그 내용과 형식면에서 비교적 고도화된 체계를 갖추고 진행되었다. 기존의 〈인간학 1 · 2〉 수업이 보편 주제에 대한 이론강의 중심으로 구성된 데 비해 경계-모듈형 수업모형에서는 공통 필수강의 3개 외에도 9개의 선택형 모듈강의 풀을 제공하여 학습자의 선택권을 강화했다. 그뿐만 아니라 다양한 학습자료를 제작하여 플랫폼을 통해 공유했다. 특히 사례를 중심으로 기획한 선택형 모듈강의는 대학생들의 구체적 삶에 밀착되어 있는 내용들로 구성하여 교과에 대한 심리적 거리감을 줄이고 학습 동기를 고취시키는 데 기여했다.

플랫폼 개발 및 교육자료 풀 구축

CUK 경계-모듈형 수업을 구성하기 위해서는 수업의 구성요소가 되는 개별 '모듈'을 제작하고 이를 수업에 활용할 수 있도록 규칙을 마련하는 것이 중요했다. 다양한 주제와 형식의 모듈을 통해 학습자가 자신의 경계적 상황을 이해하고 설명해낼 수 있도록 스스로 수업을 구성하는 것이 가능해야 했다. 이를 위해 CUK 인성교육과정연구사업단에서는 다음과 같은 모듈을 마련하여 경계-모듈형 수업에서 활용할 수 있도록 안내했다. 홈페이지 구축을 통해 다양한 모듈을 집적하고, 수업에 활용할 수 있도록 학습자료 풀을 구축했다. 각각의 모듈은 개별 모듈 자체만으로 완결성을 갖춘 텍스트로 기능하기도 하지만, 다른 요소들과 결합될 때 그 효과가 극대화될 수 있도록 구성했다. 경계-모듈형 수업을 진

〈표 2〉 CUK 경계-모듈형 수업의 모듈 분류표

모듈강의 영상	모듈북	비교과
CUK 클래스 CUK 책두레 CUK 스케치	모듈북(e-book, 총 90권)	CUK 작은 영화사 CUK 책두레 CUK 지구와 나 CUK 카페, 소크라테스 CUK 랜선여행 CUK 자소설 CUK 배달의 민족 CUK 트랜스포메이션

행하는 과정에서 수업 내용을 보충하는 영상강의를 참고하거나, 자신의 경계적 상황과 유사한 주제의 모듈북을 선택하여 학습하도록 안내했다. 이렇게 하여 수업에 참여한 학생들이 각자 자기가 처한 경계적 상황에 따라 저마다 고유한 수업 커리큘럼을 구성할 수 있도록 지도했다.

교수자는 경계-모듈형 수업이 진행되는 과정에서 해당 주제를 보충할 수 있는 내용의 강의 또는 모듈북을 소개하는 것으로 학습자들이 자료를 효과적으로 이용할 수 있도록 안내했다. 특히 본 연구자의 경우, 각자 자신의 경계적 상황에 대한 강의주제를 선정하여 16주 강의계획서를 구성하는 과제를 부과하고 학습자들이 모듈강의와 모듈북 등의 강의자료를 활용할 수 있도록 계기를 마련했다. 학생들은 제한된 학습자료를 바탕으로 자신의 상황에 맞는 다양한 수업모형을 자기주도적으로 설계했다. 다만 비교과의 경우, 교과와 유기적으로 연계하며 수업 내용을 보완할 수 있는 방법을 적극 모색했지만, 제도적 지원이 불충분한 상태에서 학습자의 자발적 참여에 의존할 수밖에 없었던 한계가 있었다. 이후 교과 · 비교과 연계에 대해서는 지속적인 연구가 필요한 실정이다.

남은 문제들

지금까지 CUK 경계-모듈형 인성교육 수업모형을 가톨릭대학교의 〈인간학 1〉, 〈인간학 2〉 수업에 적용하여 시범 운영한 사례를 소개했다. 본 연구자는 새로운 인성교육과정을 개발하기 위해 지금까지의 인성교육을 진단하고 성찰하는 것부터 시작해야 했다. 학령인구 감소, 기술적 환경의 변화 등 급변하는 수업환경 변화에 대한 이해도 필요했기 때문이다. 인간에 대한 보편적 이해만으로는 수요자 중심의 수업을 구성하는 데 분명한 한계가 있었다. 인간학의 주제가 가지고 있는 추상성과 난해함은 인간학 수업에 대한 동기부여를 어렵게 했으며, 수업에서 학습한 주제로 개개인의 구체적 삶을 설명할 수 없다는 사실은 기존의 인성교육이 가지고 있는 치명적 약점으로 작용했다. CUK 인성교육과정연구사업단의 고민은 바로 여기에서 시작했고, 다행히 가톨릭대학교 인간학연구소는 인성교육에 대한 많은 경험과 연구를 축적하고 있었다.

2021년 1학기에 시범 운영한 '키워드중심형' 인성교육과정 모형은 2021년 2학기 〈인간학 2〉에 시범 적용한 경계-모듈형 수업의 과도기적 단계라 할 수 있었다. 앞서 설명한 바와 같이 경계-모듈형 수업모형은 온 · 오프라인 수업을 유연하게 활용하여 플립러닝 방식으로 진행했다. 이를 통해 다양한 형태의 수업 구성이 가능하도록 설계했다. 여기에 공통강의와 선택형 모듈강의를 제공하여 학습자들이 자신의 경계적 상황에 맞는 주제를 선택해 수업을 구성할 수 있었다. 무엇보다 획일화된 커리큘럼에서 벗어나 나만의 고유성을 보여줄 수 있는 강의를 구성할 수 있다는 점이 학습자들에게 상당히 매력적인 요소로 작용했다. 또한 주제를 더욱 세분화하고 다양한 사례를 중심으로 강의를 구성한 것에 대해서도 학습자의 만족도가 높게 나타났다.

한편 교재 내용을 요약 정리하여 지식 차원에서 전달하는 기존의 수업에 비해 모둠 활동을 통해 직접 지식을 생산하고 자신의 삶에 적용하는 과정에 학생들이 많은 관심을 보이기도 했다. 이를 위해 단순히 수업 내용을 요약 정리하는 기존의 활동을 주체적 기획과 능동적 실천을 요구하는 프로젝트 기반의 활동으로 대체했다. 전반적으로 학습자의 자율성이 강화되고, 자기 삶의 경험과 밀착된 내용으로 구성된 수업에 학생들의 만족도도 높았다.

그러나 이러한 입체적 수업 구성에도 불구하고 본 수업이 실효성을 갖기 위해서는 해결되어야 할 문제가 많았다. 해당 수업의 가장 큰 장점은 다양한 주제의 강의가 제공되어 학습자의 선택권을 보장하고 있다는 사실에도 있지만, 각각의 개별 강의들이 유기적으로 연관성을 지니고 있다는 사실에도 있었다. 각각의 개별 강의는 그 자체만으로 완결성을 지니고 있어 수업 중 참고 자료로 활용해도 손색이 없을 것이다.

이를 위해서는 각각의 주제 및 관련 사례를 선정하는 데 더욱 세심한 주의와 노력이 필요하다. 다양한 분야의 연구자들과 협업을 통해 학습자의 유형 및 심리적 성향 등을 파악하기 위한 과학적 방법론도 뒷받침되어야 한다. 이러한 과정을 통해 매 학기 새롭게 등장하는 주제들을 강의 커리큘럼에 반영할 수 있어야 지속가능한 수업모형으로 성장할 수 있을 것이다. 충분한 연구 인력이 확보되지 않은 상태에서는 다양한 주제의 강의 개발에 한계가 있으며, 매 학기 커리큘럼이 새로운 주제로 갱신되지 않는다면 수요자 중심의 맞춤형 수업이라는 취지를 살리기 어려울 것이다.

한편 원활한 수업 운영을 위해서는 제도적 혁신도 뒷받침되어야 한다. 제한된 수업 시간을 자유롭게 활용할 수 있다는 유연성만 강조해서 해결할 수 있는 문제는 아니다. 무엇보다 새로운 수업모형이라는 점을 감안하여 제도적 뒷받침이 절실했다. 학사제도 개편을 통해 종합정보시스템 차원에서 모듈 단위로 수강신청이 가능하도록 수강신청 단계에서부터 선택권을 제도적으로 보장하는 방안이 마련되어야 할 것이다.

물론 이러한 문제점이 모두 해결된다고 해도 학습자인 대학생들의 피드백에 귀를 기울이고, 수업모형을 끊임없이 갱신해나가는 작업을 게을리해서는 안 될 것이다. 이상적인 수업모형을 완성태로 상정하기보다는 새로운 모형을 수업에 적용하는 과정에서 학습자와 피드백을 주고받으며 수업을 구성해갈 때, 우리 사업단의 취지와 의도가 반영된 수업모형을 구현할 수 있을 것이다.

참고문헌

가톨릭대학교 인간학연구소 엮음, 《인성교육, 경계에 서다》, 북코리아, 2020.

———, 《인성교육, 방법을 묻다》, 북코리아, 2021.

김우창 외, 《풍요한 빈곤의 시대》, 민음사, 2014.

조주현, 〈자유주의 시민성과 도덕과 인성교육의 과제〉, 《윤리교육연구》, 한국윤리교육학회, 2019, 1-37.

2장

실천역량 강화를 위한 학생 참여 〈인간학〉 수업 사례

학생 결과물 중심으로[1)]

—

김진아

경계-모듈형 인간학 수업의 목표

인성교육의 중요성과 필요성이 날이 갈수록 대두됨에 따라 내용과 형식에서 구체성과 학문성의 보강이 절실하다. 대학에서의 인성교육은 어떻게 실시되어왔으며, 미래 인성교육의 방향은 어떻게 설계할 수 있을까? 참여자 입장에서 더욱 의미 있는 인성교육을 받을 수 있으려면 대학에서는 어떤 노력을 기울여 인성교육과정을 개발하고 실행할 수 있을 것인가? 이러한 문제의식을 중심으로 이 장에서는 가톨릭대학교 인간학

1) 이 장은 김진아, 〈인성교육과정 경계-모듈형 인간학 수업 사례분석: 학생 결과물 중심으로〉, 《범한철학》 104(1), 2022, 275-294쪽의 내용을 수정 및 보완하여 작성되었음.

연구소 CUK 인성교육과정연구사업단(이하 C사업단)의 성과를 토대로 C사업단이 개발한 인성교육이 실제 교과목에서 어떻게 적용되었는가를 구체적으로 다룬다. 그동안의 인성교육은 주로 보편적 주제를 다루어왔으며, 〈인성교육진흥법〉에서 명시하고 있는 바대로 인성을 함양하기 위한 주요 '덕목'들을 학습하는 데 중점을 두었다고 볼 수 있다. 이러한 인성교육은 내용적으로는 일면 의미가 있긴 하지만, 실제 삶에서 인성교육의 효과를 드러내는 데 어려움이 있는 게 사실이다. C사업단에서는 실천적 측면을 고려하여 기존 인성교육의 한계를 보완하기 위해 개별 학생들의 구체적이고 실존적 상황을 반영할 수 있는 새로운 인성교육과정 개발을 연구목표로 삼았다. 다시 말해 그동안의 인성교육이 보편적 교육에 주안점을 두었다면, 새로운 인성교육은 개별자의 특수성을 고려한 참여자 중심의 인성교육이라 할 수 있다. 이러한 내용을 바탕으로 C사업단에서 개발한 인성교육과정의 정식 명칭은 '경계-모듈형' 인성교육이다. 경계-모듈형 인성교육은 내용적으로는 경계를 담고 있으며, 형식적으로는 모듈식 교육을 담고 있다. 경계란 대학생들이 처한 특수상황을 가리키는 용어로, 세 가지 범주로 구성된다. 구분 짓기, 넘어가기, 넘나들기가 그것이다. 경계 범주별 교육목표는 다음과 같다. 첫째, 구분 짓기 경계는 구체적 상황 속에서 올바른 통찰과 분별력을 기르는 것을 목표로 한다. 둘째, 넘어가기 경계는 대학 신입생들이 청소년기에서 청년기로 한 단계 도약할 수 있는 주체적 역량을 기르는 것을 목표로 한다. 셋째, 넘나들기 경계는 다양한 갈등 속에서 유연함과 융통성을 함양하는 것을 목표로 한다. 이 세 가지 범주는 범주별로 각각 6개의 세부 키워드로 구체화되어 모듈수업의 주제와 연관된다. 예를 들어 구분 짓기 범주의 세부 키워드에는 '다름-틀림', '선택-포기', '의무-배려' 등이 있다. 넘어가기 범주의 세부 키워드에는 '의존-독립', '손님-주인', '혐오-관용' 등이 있다. 마지막으로 넘나들기 범주의 세부 키워드에는 '사랑-우정', '도시-농촌', '국민-세계시민' 등이 있다. 경계-모듈형 인성교육과정은 보편적 인성교육을 넘어 개별적이고 구체적으로 특성화된 교육과정이라 할 수 있다. 기존 강의 중심의 인성교육에서 벗어나 학생들에게 사례 중심의 인성교육을 제공할 수 있는 것이 경계-모듈형 인성교육의 주요 특징이다. 앞서 살펴본 경계 키워드를 중심으로 주차별 모듈강의가 구성되는데, 모듈강의에서 '모듈'이란 교수자 및 학생들이 강의 주제를 '선택'하여 구성할 수 있음을 의미한다. 모듈은 컴퓨터과학 용어로 '독립된 학습단위'를 가리키는 개념이다. 대상자에 따라 구성을 달리할 수 있다는 점에서 특수교육학 등 최근 다양한 교육 분야에서 활용되고 있는 개념이기도 하다. 본 사업단에서는 개별 학생들의 구체적 상황을 담아낼 수 있는 새로운 인성교육을 제공하기 위해 교육과정 개발을 진행해왔다. 2019년 9월부터 시작된 본 사업은 1차 연도에 내용적으로 각 '경계'의 내용을 체계적으로 정립했으며, 2차 연도에는 형식적으로 모듈식 교육을 구축하고 인간학 수업에 시범적으로 적용했다. C사업단은 2년 동안의 성과를 바탕으로 2021년 9월부터 3차 연도 연구를 수행하면서 본격적으로 '경계-모듈형' 인성교육을 진행하기 위한 기초작업을 하고 있다.

이 장에서는 '경계-모듈형' 인간학 수업의 취지와 목표를 밝히고, '경계'의 내용과 의미는 무엇이며, '모듈식' 교육의 효과는 무엇인지 살펴보겠다. 또한 '경계-모듈형' 수업을 수강한 학생들에게 어떤 변화가 나타났는지 필자가 실제 수업을 진행한 경험을 바탕으로 분석하고자 한다. 이를 위해 '경계-모듈형' 인간학 수업의 목표를 반영하고자 수행한 학생들의 활동 과제, 즉 결과물을 중심으로 모듈식 인성교육이 어떻게 특성화되고 개별화될 수 있는지 확인한다. 결론적으로 '경계-모듈형' 인성교육과정이 학생들의 실제 삶에서 어떤 변화를 가져올 수 있는지 실천역량의 관점에서 살펴보고자 한다.

학생 결과물 분석(2021년 1학기, 2학기): 학습자 입장에서

2021년 1학기 〈인간학 1〉 심화 모듈형 수업

경계-모듈형 수업의 취지에 따라 2021년 1학기에 개설된 〈인간학 1〉 교과목에서 모듈형 수업을 시범 적용했다. 2021년 1학기에는 사업단 소속 교수들과 연구원들이 크게 두 팀으로 나누어 모듈형 수업을 실시했는데, 첫 번째 팀의 모듈수업 이름은 '범주선택형'이고 두 번째 팀의 모듈수업 이름은 '키워드선택형'이었다. 필자가 속한 팀은 키워드선택형이었는데, 한 주차에만 모듈형을 적용했기 때문에 '심화 모듈형'이라는 이름하에 모듈수업을 진행했다.

심화 모듈형 수업은 크게 세 가지로 구성된다. 강의와 활동, 그리고 정리다. 첫 번째 단계인 강의에서는 학생들이 8개 강의 중 관심 있는 주제를 선택해서 수강할 수 있다. 두 번째 단계인 활동에서는 학생들의 자율성을 반영할 수 있는 다양한 활동을 수행하도록 한다. 대표적인 활동으로 실시간 온라인 수업에서 조별 토론을 진행하는 것이다. 마지막 세 번째 단계인 정리에서는 강의와 활동을 통해 모듈수업을 진행하고 나서 최종 결과물을 제출하는 단계다. 심화활동 결과물은 중간고사 대체 과제로 성적에 반영되며, 기말고사 이전 주까지 제출하도록 했다.

모듈수업의 1단계인 강의부터 상세히 살펴보자. 학생들이 선택할 수 있는 모듈강의는 경계 범주 중에서 '구분 짓기'와 '넘어가기'로 구성된다. 강의 구성은 심화 모듈형 수업을 담당하는 교수자의 특성을 반영해서 이루어졌다. 사업단에 소속되어 있는 교수들과 연구원들은 2019년 9월부터 경계 범주를 설정하고, 각 경계의 내용에 따른 키워드별로 팀을 나누어 키워드의 내용을 채워가고자 했다. 면밀한 팀 작업을 통해 추출된 각 경계 키워드들은 사업단의 1차 성과이며, 총서 1권으로 발간된 바 있다. 2021년 1학기 심화 모듈형 인간학 수업에서는 각 키워드 연구를 담당한 교수와 연구원이 모듈강의를 구성하고 온라인 강의를 개발해서 학생들에게 제공했다. 학생들에게 사전에 모듈강의의 취지와 내용을 상세히 설명하고 학생들의 각 상황에 맞게 구체적 관심사를 반영할 수 있도록 했다. 총 8개 강의는 구분 짓기와 넘어가기로 구성되는데, 심화 모듈형 수업에서 제공된 모듈수업의 키워드는 다음과 같다. 구분 짓기 키워드는 첫째 '다가서기-거리두기', 둘째 '다름-틀림', 셋째 '선택-포기', 넷째 '소유-나눔'이다. 넘어가기 키워드는 첫째 '무관심-참여', 둘째 '혐오-관용', 셋째 '손님-주인', 넷째 '익명-실명'이다. 심화 모듈형 수업을 담당했던 교수자들이 작업했던 범주가 각각 '구분 짓기'와 '넘어가기'였기 때문에 강의 구성을 이렇게 했다. 학생들이 세 가지 경계 범주 모두를 경험할 수 있도록 모듈강의에서 구성되지 않은 '넘나들기' 키워드는 학생활동에서 다루어지도록 했다. 심화 모듈형 수업의 두 번째 단계인 '활동'에서는 학생들이 모듈강의를 듣고 나서 심화시킬 수 있는 다양한 형태의 활동으로 구성되었다. 우선 가장 중요한 활동인 조별 토론은 실시간 온라인 수업의 장점을 살릴 수 있도록 ZOOM 소회의실을 활용해 토론을 수행했다. 특히 넘나들기 주제의 모듈북을 안내함으로써 학생들은 구분 짓기, 넘어가기, 넘나들기의 선순환 구조를 체험할 수 있었다. 또한 일방적으로 교수자의 강의를 듣는 형태에서 벗어나 학생들 스스로 자신이 수강한 강의 내용을 동료들과 함께 토론함으로써 내용을 심화할 수 있었다. 조별 토론뿐만 아니라 다채로운 개별 활동도 진행할 수 있도록 심화 모듈형 수업이 구성되었다. 사업단의 주요 성과인 90권의 모듈북을 학생들이 주제별로 열람하고, 각자의 관심사에 따라 자유롭게 '선택'하여 공부할 수 있는 즐거움을 경험했다. 심화활동에서는 자율적인 과제 수행을 위해 다른 강의와 영화 및 도서를 활용하여 활동 결과물을 준비할 수 있도록 했다. 심화 모듈형 수업의 마지막 단계인 정리에서는 그동안 열심히 공부했던 내용을 결과물로 담아 제출했다. 모듈형 수업의 취지에 따라 학생들에게 결과물의 형태도 자유롭게 선택할 수 있도록 했는데, 교수자가 제안한 결과물은 에세이, 카드뉴스, 포스터, 동영상이었으며, 이 밖에 학생들이 자율적으로 결과물의 형식을 제안할 수 있도록 지도했다. 학생들은 심화 모듈형 수업을 통해 천편일률적으로 강의를 듣고 획일적인 과제를 수행했던 전통적인 방식에서 벗어나 학생 스스로 강의주제를 선택하고, 동료들과 심화적으로 토론활동을 수행하며, 과제도 자율적이고 능동적으로 참여할 수 있는 기회를 얻었다.

'에세이'를 선택한 한 학생은 자신의 일상과 생각의 변화를 글로 표현했다. 인간학 수업의 〈나를 알기〉를 대주제로 하는 최종 결과물에서 소주제는 '자존감', 형식은 '에세이'를 선택했다. 학생의 글에서 확인할 수 있듯 자신의 삶에 대한 성찰을 시도함과 동시에 '나 자신'에 대해 통찰하고 있다는 점이 주목할 만하다. '카드뉴스'를 선택한 다른 학생은

'고통'을 주제로 하는 카드뉴스를 제작했다. 자신이 느끼는 고통에 대해 고민해본 후 직접 해결방안을 찾아 제안하고, 나아가 자신의 고통뿐만 아니라 타인의 고통에 관심을 가지는 것이 중요하다고 결론을 맺고 있다. 카드뉴스를 결과물로 제출한 학생은 주차별로 모듈 활동을 진행한 내용을 바탕으로 자신이 관심 있는 주제를 직관적으로 정리하여 제시했다. 결과물은 〈그림 1〉에서 확인할 수 있다.

'포스터'를 선택한 학생도 있었는데, 최종 결과물을 제출하기 전에 모듈 활동의 일환인 '심화활동 계획서'를 미리 작성해서 과제로 제출했다. 심화활동 계획서에는 포스터의 내용과 주제가 들어간다. 본인의 관

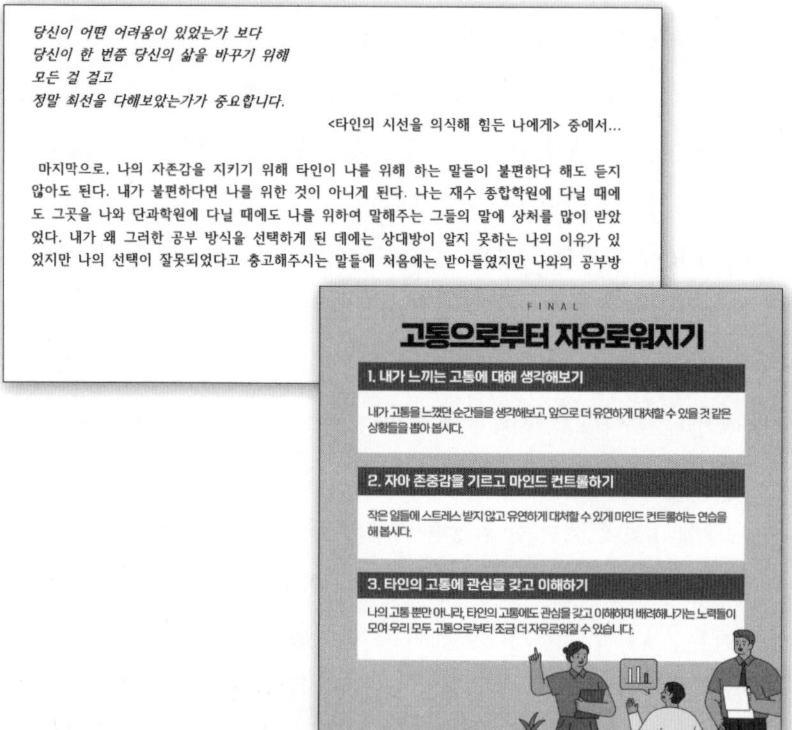
당신이 어떤 어려움이 있었는가 보다
당신이 한 번쯤 당신의 삶을 바꾸기 위해
모든 걸 걸고
정말 최선을 다해보았는가가 중요합니다.

<타인의 시선을 의식해 힘든 나에게> 중에서...

마지막으로, 나의 자존감을 지키기 위해 타인이 나를 위해 하는 말들이 불편하다 해도 듣지 않아도 된다. 내가 불편하다면 나를 위한 것이 아니게 된다. 나는 재수 종합학원에 다닐 때에도 그곳을 나와 단과학원에 다닐 때에도 나를 위하여 말해주는 그들의 말에 상처를 많이 받았었다. 내가 왜 그러한 공부 방식을 선택하게 된 데에는 상대방이 알지 못하는 나의 이유가 있었지만 나의 선택이 잘못되었다고 충고해주시는 말들에 처음에는 받아들였지만 나와의 공부방

〈그림 1〉 2021년 1학기 모듈수업 최종 결과물

심사에 따라 경계 키워드를 선택하며, 인간학의 대주제 〈나를 알기〉는 교수자가 제안하고 활동을 수행하는 학습자 스스로 소주제를 정해보도록 했다. 이 학생이 제출한 결과물은 구분 짓기 경계의 '다가서기-거리두기'를 주제로 인간관계의 어려움을 포스터로 나타냈다. 학생의 결과물은 모듈강의에서 공부한 내용이 어른과 아이의 경계로 확장되는 효과를 담아내고 있다. 또한 청소년기에서 청년기로 접어들면서 자신이 체험한 관계에서의 괴리감을 과제에 표현하고자 했다는 점이 인상적이다. 포스터를 구상하는 과정에서 학생이 심화활동 계획서로 제출한 과제와 최종 결과물은 〈그림 2〉에서 확인할 수 있다.

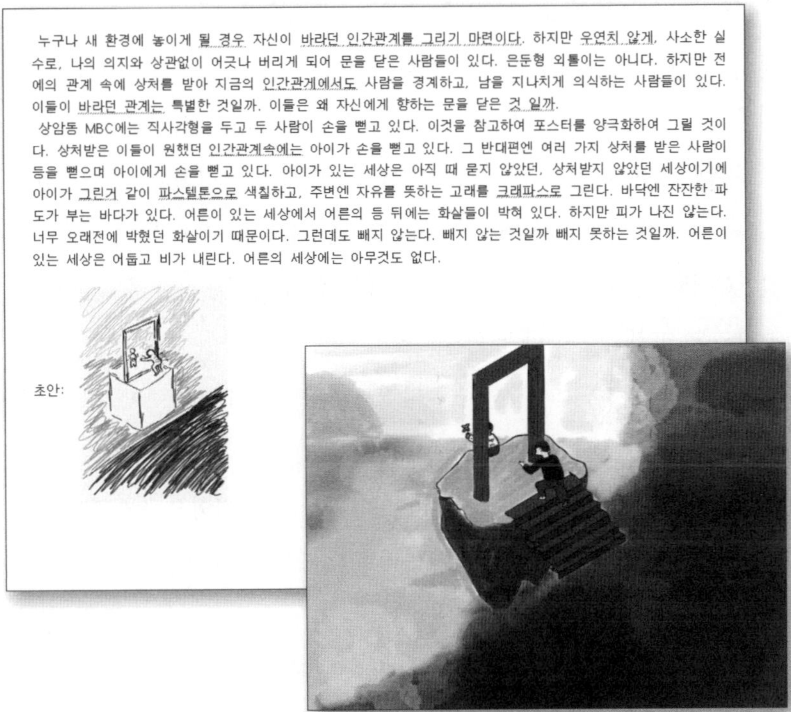
누구나 새 환경에 놓이게 될 경우 자신이 바라던 인간관계를 그리기 마련이다. 하지만 우연치 않게, 사소한 실수로, 나의 의지와 상관없이 어긋나 버리게 되어 문을 닫은 사람들이 있다. 은둔형 외톨이는 아니다. 하지만 전에의 관계 속에 상처를 받아 지금의 인간관게에서도 사람을 경계하고, 남을 지나치게 의식하는 사람들이 있다. 이들이 바라던 관계는 특별한 것일까. 이들은 왜 자신에게 향하는 문을 닫은 것 일까.

상암동 MBC에는 직사각형을 두고 두 사람이 손을 뻗고 있다. 이것을 참고하여 포스터를 양극화하여 그릴 것이다. 상처받은 이들이 원했던 인간관계속에는 아이가 손을 뻗고 있다. 그 반대편엔 여러 가지 상처를 받은 사람이 등을 뻗으며 아이에게 손을 뻗고 있다. 아이가 있는 세상은 아직 때 묻지 않았던, 상처받지 않았던 세상이기에 아이가 그린거 같이 파스텔톤으로 색칠하고, 주변엔 자유를 뜻하는 고래를 크래파스로 그린다. 바닥엔 잔잔한 파도가 부는 바다가 있다. 어른이 있는 세상에서 어른의 등 뒤에는 화살들이 박혀 있다. 하지만 피가 나진 않는다. 너무 오래전에 박혔던 화살이기 때문이다. 그런데도 빼지 않는다. 빼지 않는 것일까 빼지 못하는 것일까. 어른이 있는 세상은 어둡고 비가 내린다. 어른의 세상에는 아무것도 없다.

초안:

〈그림 2〉 2021년 1학기 모듈수업 최종 결과물

2021년 2학기 〈인간학 2〉 통합 모듈형 수업

2021년 1학기 〈인간학 1〉 수업에서 시범 적용했던 성과를 바탕으로 2021년 2학기 〈인간학 2〉 수업에서는 전체 수업에 모듈형 수업을 적용했다. 수업 구성은 교재 기반의 공통강의와 함께 세 가지 경계 범주별 모듈 수업이 각각 세 가지씩 제공되었다. 예를 들어 3주차의 수업구성은 공통강의 1개와 더불어 구분 짓기 모듈강의 1개, 넘어가기 모듈강의 1개, 넘나들기 모듈강의 1개의 총 4개 강의로 이루어진다. 학생들은 필수적으로 공통강의를 듣고, 각자의 관심사에 따라 3개의 모듈강의 중 1개 강의를 선택 수강하면 된다. 따라서 한 주차마다 2개 강의를 수강하게 된다. 온라인 강의로 설계된 모듈수업이므로 학생들은 녹화강의를 통해 공통강의와 각 모듈강의를 듣고 나서 실시간 강의를 통해 팀 프로젝트 활동에 참여하게 된다. 2학점 2시간으로 이루어진 인간학 수업에서 1교시는 녹화강의로 사전에 제공된 온라인 수업을 들은 후, 2교시 실시간 ZOOM 강의에서는 교수자의 강의와 함께 학생활동을 수행한다. 공통강의는 인간학 수업에서 필수적으로 다루어야 하는 내용들로 구성되며, 모듈강의는 각자의 관심사에 따라 모듈 및 주제를 선택할 수 있도록 되어 있다. 2021년 2학기 모듈수업의 경우 전체가 온라인으로만 구성된 강의이므로 학생들의 활동을 최대한 다양하게 구성함으로써 학생들의 구체적 관심사를 반영할 뿐만 아니라 모듈수업의 흥미를 제고할 수 있도록 했다.

2021년 2학기 〈인간학 2〉 통합 모듈형 수업의 특징은 학생들이 보편적 인간 이해에 다가갈 수 있도록 교재 중심의 '공통강의'가 각 모듈강의와 함께 제공되었다는 점이다. 모듈강의는 25분 분량으로 10분 내외의 모듈강의에 비해 분량이 상당하다. 2021년 2학기 〈인간학 2〉 수업에서는 필수적으로 수강해야 하는 공통강의를 통해 학생들의 구체적 관심사를 반영하려는 모듈수업의 취지를 잘 반영하면서도 보편성을 담지할 수 있는 기존 인성교육의 방향성도 함께 제공할 수 있다는 특장점이 있다.

3주차에 진행된 공통강의는 〈인간학 2〉 교재 1장 '약자를 우선적으로 배려해야 하는가?'를 주제로 진행되었다. 교재에서는 사회적 약자를 배려하는 것이 인간학적으로 과연 어떤 의미가 있는지를 살펴보는 것이었다. 배려와 관련지어 학자들의 이론을 검토하고, '생각 나누기'를 통해 실제 삶에서 학생들이 배려와 관련된 실천방안에 대해 성찰할 수 있도록 구성된 챕터였다. 공통강의를 통해 학생들은 인간학에서 필수적으로 다루어야 할 보편적 인성교육의 내용을 공부하게 되며, 각자 선택한 모듈강의를 통해 공통강의에서 다루어진 내용을 연결지어 복습할 수 있게 된다. 모듈강의의 경우 학생들이 자신의 관심사에 따라 '선택'하게 되므로 수강생별로 공부 내용이 다르게 구성되지만, 공통강의를 통해 인간학 수강생 모두 필수적으로 공부하는 내용이 통일적으로 구성된다는 특장점이 있다.

2021년 2학기 〈인간학 2〉 수업의 구분 짓기 모듈강의를 살펴보자. 모듈강의 첫 번째 단계는 '탐색'이다. 이 모듈강의 주제는 '공정은 정의로운가?'로, 인간학 교재 1장 '약자를 우선적으로 배려해야 하는가?'의 내용과 연계된다. 경계-키워드 '구분 짓기'를 선택한 학생들은 10분으로 구성된 온라인 모듈강의를 듣게 되는데, 강의를 일방적으로 듣는 것이 아니라 각 모듈별로 활동을 진행하게 된다.

2021년 2학기 〈인간학 2〉 구분 짓기 모듈강의를 들은 학생들의 활동은 다음과 같다. '공정' 그리고 '정의'와 관련된 교수자의 강의를 듣고 난 뒤 학생들은 2개 활동을 수행하게 된다. 첫 번째 활동은 우리 사회에서 '공정'과 '정의' 문제로 이슈가 되었던 다양한 사례를 찾아 정리해보는 것이다. 두 번째 활동은 연관된 자료를 2개 이상 찾아서 사이버캠퍼스 게시판에 올리는 것이다. 모듈강의의 활동은 2교시 실시간 온라인 수업을 통해 팀 프로젝트로 진행되며, 학생들은 동료들과 자신이 수행한 활동을 공유하면서 모듈 주제에 한 걸음 다가서게 된다. '공정'과 '정의'를 주제로 첫 번째 모듈, 즉 구분 짓기 모듈강의를 선택한 학생들은 한 주차의 모듈수업을 듣고 끝나는 것이 아니라 3주 동안 해당 주제에 대해 모듈강의를 들으며, 모듈활동을 수행하게 된다.

2021년 2학기 〈인간학 2〉 두 번째 '넘어가기' 모듈강의 주제를 살펴보자. 넘어가기 모듈강의에서는 인간학 교재 2장의 '행복한 가정을 어떻게 실현할 수 있을까?'라는 주제와 관련된 모듈수업이 진행되었다. 가정과 공동체에 관한 주제로 공통강의를 듣고 나서 해당 주제를 모듈로 선택한 학생들은 넘나들기 모듈강의를 통해 보편적 주제를 넘어 실제 사례를 통해 심화 공부를 할 수 있다. 또한 수동적으로 강의를 듣는 데서 벗어나 능동적으로 활동과제를 수행하게 된다.

넘어가기 모듈강의에서는 '가족과 독립'을 다룬 영화와 모듈북이 소개되었으며, 학생들이 스스로 생각해보고 과제를 수행해나갈 수 있도록 교수자가 두 가지 '질문'을 던지고 있다. 첫 번째 질문은 '가족과 함께 살면 행복할까?'이며, 두 번째 질문은 '가족으로부터의 독립은 반드시 필요할까?'이다. 결코 답하기 쉽지 않은 질문들을 통해 학생들은 그동안 생각해보지 않았던 주제에 한층 깊게 다가설 수 있게 된다. 교수자는 학생들에게 이러한 질문들은 정답이 정해져 있는 것은 아니므로 각자 스스로 고민해봄으로써 직접 답변을 찾아나가도록 독려한다.[2] 이러한 질문을 바탕으로 연관 자료들을 팀 프로젝트 게시판에 공유하는 것이 해당 주차의 학생활동이 된다.

2021년 2학기 〈인간학 2〉 교재의 '고통'을 주제로 하는 넘나들기 모듈강의를 살펴보자. 이 모듈강의에서는 '고통의 원인은 무엇일까?'에 대해 심도 깊게 탐색해본다. 이처럼 2021년 2학기 〈인간학 2〉 모듈수업은 구분 짓기, 넘어가기, 넘나들기 각각 세 가지 주제의 모듈수업을 학생들의 관심사에 따라 선택 수강할 수 있게 함으로써 높은 만족도가 나타났다. 고통을 주제로 하는 넘나들기 모듈강의를 들은 학생들의 활동은 다음과 같다. 동일 주차의 구분 짓기 및 넘어가기 모듈활동과 마찬가지로 넘나들기 모듈활동에서도 학생들은 모듈수업을 듣고 나서 관련된 사례를 자료로 찾아보는 활동을 수행했다. 이는 모듈수업의 첫 단계인 '탐색' 단계에 걸맞은 활동이었다고 여겨진다.

2021년 2학기 〈인간학 2〉 모듈수업에서 중요하게 다루어진 학생활동은 팀 프로젝트 활동이다. 학생들은 개인 과제수행과 별도로 팀 프로젝트 활동을 통해 동료들과 자신의 의견을 나누면서 협업 능력을 함양하게 된다. 팀 프로젝트 게시판에 자신들의 의견을 게재함으로써 스스로 생각하고, 글쓰기 작업을 통해 해당 모듈수업을 심화시킬 수 있을 뿐만 아니라 동료들의 피드백도 동시에 얻게 된다. 교수자의 피드백과 별도로 동료들과의 소통을 꾀할 수 있다는 점에서 모듈수업의 팀 프로젝트 활

2) 교수자가 학생들에게 '질문'을 통해 수업 참여를 독려하는 사례분석 연구로 김진아, 〈참여자 중심 인성교육을 위한 기초연구: 대화식 수업 사례분석을 중심으로〉, 《생명연구》 63, 2022, 19-37쪽 참조.

동은 의미가 있다고 여겨진다. 2021년 2학기 강의평가에서 모듈수업 활동이 학생들에게 효과적이었음을 확인할 수 있다.

1학기와는 다르게 모듈수업이 확대되어 좋았다. 평소 관심이 있지만 더 알아보고자 시도해보지 않았던 분야나 더욱 알아보고 싶었던 분야에 대해 영화나 도서, 음악 등과 같은 다양한 활동으로 수업을 듣고, 팀 프로젝트 게시판에서 다른 학생들과 다양한 의견을 나눌 수 있는 점이 좋았다. 대면 수업을 하지 못한 것에 대해 아쉬움이 남았으나 실시간 온라인 수업을 통해 소통할 수 있어서 질문이 있는 학생들에게 도움이 되었다.

학생들은 모듈활동을 통해 자신의 관심사에 따라 강의를 선택하여 수강한 후 팀별 과제를 수행함으로써 해당 주제를 심화시킬 수 있게 된다. 특히 모듈수업의 3단계(탐색, 심화, 성찰) 과정을 거치면서 주입식 강의 또는 수동적 과제에서 벗어나 스스로 학습하고 본인의 공부 주제를 구성해나갈 수 있는 주체성 및 자기주도성을 함양하게 된다. 코로나 상황으로 인해 온라인 강의로 진행되었기 때문에 모듈수업의 팀 프로젝트 활동을 수행하는 데 한계가 있을 수밖에 없었다. 이를 보완하기 위해 실시간 온라인(ZOOM) 수업을 통해 과제 수행 전 학생들의 질문을 받아 답변을 제공함으로써 활동 및 과제를 원활하게 진행할 수 있도록 했다.

학생들의 결과물에서 도출해낼 수 있는 모듈수업의 효과란 무엇일까? 첫째는 자기주도성이다. 학생들은 한 학기 동안 관심 있는 주제를 선택해서 모듈강의를 듣고, 각자 활동을 수행하는 과정에서 자신이 택한 주제에 흥미를 느끼는 동시에 해당 주제를 심화시키는 능력이 배양된다.

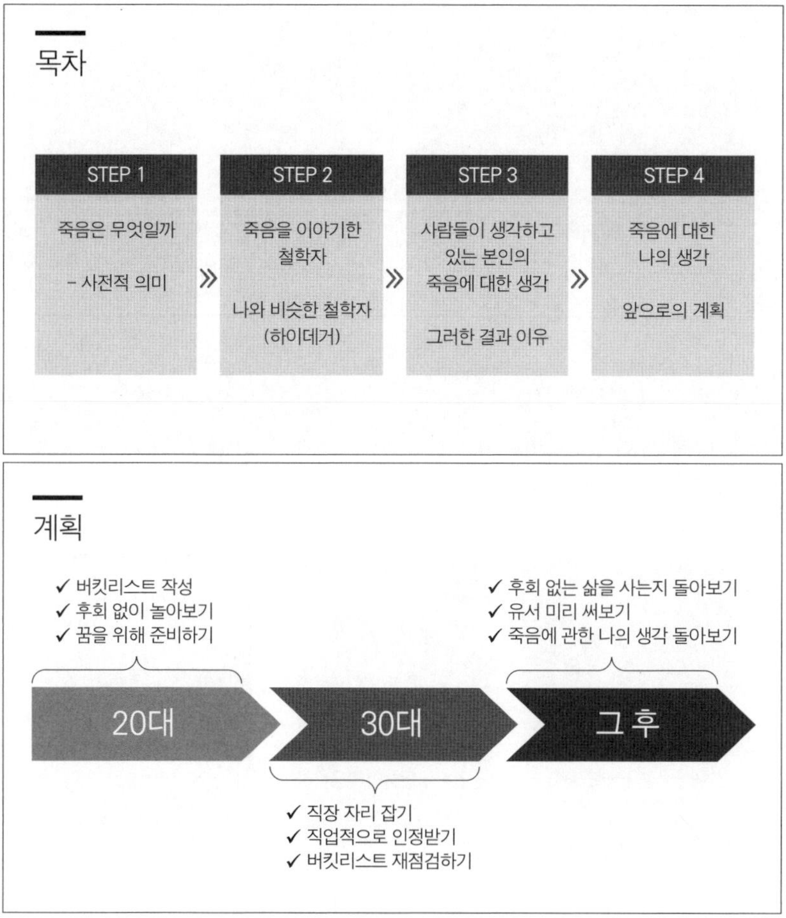

〈그림 3〉 2021년 2학기 〈인간학 2〉 최종 결과물 예시(구분 짓기-죽음)

입시 위주 환경에서 습관적으로 체화된 수동성에서 벗어나 스스로 생각할 수 있는 주체성을 함양하고 특정 주제를 심화시켜 자신만의 구조화가 가능한 결과물을 생산할 수 있는 자기주도성 역량을 강화시킬 수 있다고 여겨진다. 〈그림 3〉을 보면 '죽음'을 주제로 모듈수업을 들은 학생이 자신이 생각하는 죽음에 대해 일목요연하게 정리한 것을 확인할 수

〈그림 4〉 2021년 2학기 〈인간학 2〉 최종 결과물 예시(넘어가기-환경보호)

있다. 단지 교수자가 소개하는 '죽음' 논의에만 그치지 않고 본인이 생각하는 죽음을 체계적으로 구조화시켜 결과물로 생성했다. 또한 자신의 과거와 현재, 미래를 고민해보면서 인간학에서 다루고 있는 '죽음' 주제를 일상과 삶에 직접 연결시키고 있다고 여겨진다.

경계-모듈형 인간학 모듈수업의 두 번째 효과는 실천역량이다. 보편적 인성교육을 넘어 개별적이고 특수한 상황들을 담지할 수 있는 새로운 인성교육을 목표로 경계-모듈형 인간학 수업이 개발되었고, 이를 실제 수업에 적용하고자 했다. 학생들이 제출한 최종 결과물에서 발견할 수 있는 인상적인 점은 모듈수업을 듣고 나서 자신의 일상에서 실천할 수 있는 방안을 학생 스스로 제안하고 있다는 점이다. 〈그림 4〉는 경계-모듈형 인간학 모듈수업의 취지가 잘 반영된 결과물임을 나타낸다. 환경보호에 관한 모듈수업을 듣고 난 후 환경보호의 중요성을 인식하는 데서 그치지 않고 일상 속에서 실천할 수 있는 구체적 해결방안을 학생 스스로 모색하고 있음을 확인할 수 있다.

학생활동 결과물 외에 기말고사 답안지에서도 경계-모듈형 인간학 수업의 취지가 잘 반영되었음을 확인할 수 있었다. 기말고사 문제구성은 교재 및 수업내용을 다루고 있는 주요 문항들과 학생 스스로 '문제'를 내고 '답변'을 시도해보라는 마지막 문항이 있었는데, 한 학생의 답안지를 살펴보면 다음과 같다.

제가 낸 문제는 2학기 인간학 강의가 경계-모듈형 강의로 진행되었는데, 경계-모듈형 강의와 단순 온라인 수업 중 무엇이 학생들한테 효과적인가 하는 것입니다. 저의 대답은 매우 효과적이라는 것입니다. 제가 이해한 모듈수업이란 어떤 학습을 진행할 때, 단순히 교수나 강사의 일방적인 수업에서 벗어나 학생들이 직접 듣고 싶은 내용을 학습하여 학습목표를 달성하는 것이었습니다. 제가 모듈수업이 효과적이라고 하는 이유는 우선은 학생들의 선택을 존중해주는 것입니다. 어떠한 강의를 듣든 학생이 원하는 공부, 방향성, 추구하는 목표가 있는데, 단순 강의는 이것까지는 배려하지 못했는데, 이번에 〈인간

학 2〉 수업을 들으면서 존중받는다는 생각이 많이 들어서 좋았습니다. 또한 능력에 따라 학습 절차를 조절할 수 있으며, 팀 프로젝트를 통해 수업에 대한 복습도 하고 다른 친구들의 프로젝트를 보며 나름대로 피드백을 얻을 수 있었습니다. 자기 관심 분야, 자기 능력에 따라 학습이 가능했고, 자기 스스로가 선택한 강의이기 때문에 학습에 대한 책임감을 가질 수 있었습니다. 〈인간학 2〉를 공부하며 기존 강의보다 부담스러움도 없었고 공통강의를 통해 강의에서 교수님이 하고 싶은 말을 이해할 수 있었고, 관심분야에 대한 팀 프로젝트를 진행할 수 있어서 흥미를 가지고 할 수 있었습니다. 학생들을 위한 수업이며, 1학기 때 단순히 강의를 들을 때는 책에 있는 내용, 책이 말하고자 하는 학습목표만 외우게 됐는데, 2학기 인간학 수업을 들으며 강의내용에 대해 흥미로운 점과 의구심, 궁금한 점을 스스로 질문하고 답변하면서 수업내용을 더 기억할 수 있었습니다. 앞으로 가톨릭대에서 모듈수업을 진행할지 모르겠지만, 먼저 들어본 학생으로서 적극 추천하며 학습 효율, 학생의 참여도 면에서 매우 긍정적이었습니다.

결론

이 장은 '경계-모듈형' 인간학 수업의 사례분석을 통해 학생들의 구체적 관심사를 반영한 인성교육과정의 성과를 살펴보고자 했다. 인성교육의 중요성과 필요성은 날이 갈수록 증대되고 있지만, 내용과 형식에 있어 학문성과 구체성 보강이 시급하다. 오늘날 대학교육의 현실은 취업을 위한 준비 또는 전문화된 교육에만 치중되어 있는 실정이다. 학문의 전당이자 예비전문가로서 근본 원리들을 익혀내고 배워야 할 공간으로서의 대학은 사라져가고 있다. 청소년 대상 인성교육[3]과 별개로 청년들을 위한 인성교육 프로그램도 절실히 요구된다. 기초학문 같은 보편교육 외에도 삶에서 적용할 수 있는 실천역량을 길러낼 수 있는 인성교육과정이 필요하다. 경계-모듈형 인성교육과정에서는 주체성과 관계성을 함양할 수 있는 다채로운 커리큘럼을 시도하고자 했다. 이를 위해 보편적 인간학 교재의 내용을 사례 중심으로 모듈화하고 학생들의 활동 및 팀 작업을 진행하는 인성교육을 실시했다. 학생들 스스로 공부 주제를 정하고 활동을 수행하면서 단계별로 심화시킬 수 있는 능력으로서의 '주체성'과 '자기주도성' 그리고 나 자신뿐만 아니라 타인과의 관계 및 공동체를 사유할 수 있는 '관계성'과 '공동체역량'을 지속적으로 함양할 수 있는 인성교육이 대학 교과과정에서 이루어져야 할 것이다. 보편적 인성교육을 넘어 개별자의 특수성을 고려하고 실존적 상황을 담아낼 수 있는 인성교육이 제공된다면 이론적 차원의 인성교육에 그치는 게 아니라 생생하고 구체성 있는 실제 삶에 적용될 수 있는 인성교육의 실현이 가능하리라 기대해본다.

3) 청소년 인성교육 프로그램의 기초원리와 구체적 실천방안을 다룬 연구로 김진아, 〈삶의 철학을 위한 철학상담과 인성교육: 청소년 인성교육 프로그램의 기초원리와 실천〉, 《인간연구》 40, 2020, 35-59쪽 참조.

참고문헌

가톨릭대학교 인간학연구소 엮음, 《인성교육, 경계에 서다》, 북코리아, 2020.

———, 《인성교육, 방법을 묻다》, 북코리아, 2021.

김경민, 〈대학생의 성취목표지향성 프로파일 유형에 따른 창의적 자기효능감, 창의적 과정참여와 창의적 인성〉, 《창의력교육연구》 21(16), 한국창의력교육학회, 2021.

김영경, 〈포스트 휴먼시대 학습자중심 다학문기반 인성교육모델개발〉, 《학습자중심교과교육연구》 21(16), 학습자중심교과교육학회, 2021.

김진아, 〈인성교육과정 경계-모듈형 인간학 수업 사례분석: 학생 결과물 중심으로〉, 《범한철학》 104(1), 범한철학회, 2022.

———, 〈참여자 중심 인성교육을 위한 기초연구: 대화식 수업 사례분석을 중심으로〉, 《생명연구》 63, 서강대학교 생명문화연구소, 2022.

———, 〈삶의 철학을 위한 철학상담과 인성교육: 청소년 인성교육 프로그램의 기초원리와 실천〉, 《인간연구》 40, 가톨릭대학교 인간학연구소, 2020.

문정화 · 김은경, 〈생활윤리 실천중심 인성교육 교양교과목의 효과 분석: S대학 사례 연구〉, 《교양교육연구》 15(6), 한국교양교육학회, 2021.

박영민, 〈선비인문학을 활용한 대학생의 인성역량 개발 방안〉, 《교양교육실천연구》 5(1), 동의대학교 디그니타스교양교육연구소, 2021.

윤정진 · 김경은 · 윤미승 · 장재진, 〈대학생 미래역량 신장을 위한 창의인성 융복합교육에 관한 기초연구〉, 《교양교육연구》 15(3), 한국교양교육학회, 2021.

조혜경, 〈역량 중심 인성교육의 가능성 탐색〉, 《교양교육연구》 15(2), 한국교양교육학회, 2021.

차봉준, 〈대학 인성교육의 방향 설정과 활성화를 위한 시론: S대학 인성 교과목 개설을 중심으로〉, 《대동철학》 72, 대동철학회, 2015.

차봉준 · 성신형 · 한윤영, 〈대학생 세계시민교육과 환경 담론: 교육과정 구성을 중심으로〉, 《문학과 환경》 19(2), 문학과환경학회, 2020.

차봉준 · 한윤영, 〈S대학 글쓰기 교육의 의사소통역량 효과성 분석〉, 《문화와 융합》 40(5), 한국문화융합학회, 2018.

2부

경계-모듈형 CUK 인성교육과정의 미래와 과제

3장
가톨릭대학교 인성교육의 성과와 전망

—

조윤아

들어가는 말: 인성교육과 종교교육

일반적으로 대학교육에서 인성교육의 필요성을 인식하고 교육과정에 이를 적극적으로 반영하기 시작한 것은 2015년 전후로 알려져 있다. 차봉준에 의하면, 2013년 이후 기업의 인재 수요 트렌드가 인성 평가 항목을 포함하는 방향으로 변화를 보였고, 2015년 상반기에 제정된 〈인성교육진흥법〉이 본격적으로 시행되기 시작하자[1] 대학 인성교육에 대한 담론이 도드라지게 형성되었다. 대학 자체 내에서 그리고 외부에서 대학

1) 가톨릭대학교 인간학연구소 엮음, 《인성교육, 방법을 묻다》, 북코리아, 2021, 43-45쪽 참조.

교육과정에 전문적인 인성교육이 이루어지기를 요구하는 목소리가 커진 것이다.

그런데 종교교육을 실행하고 있는 대학에서는 이미 인성교육의 중요성을 인식하고 종교교육과 인성교육을 병행하거나 종교교육을 통해 인성교육 또한 성취할 수 있도록 교육과정을 구성해왔다. "전통적으로 종교교육은 인성교육을 기본으로 삼고"[2] 있으며, "종교가 인간을 더 나은 존재로 변화시키고, 인격적 성장을 지향"[3]한다고 본다면, 종교교육이 전무한 대학보다 상대적으로 더 풍성하게 인성교육을 지속적으로 고민해왔다고 볼 수 있다. 종교계에서 인성교육을 주도할 경우에 발생하는 문제라든가, 종교교육을 통한 인성교육의 한계 등 종교적 입장에서 이루어진 교육적 고민은 결과적으로 인성교육에 대한 연구를 확장 · 심화시켰다.

가톨릭대학교 역시 종교교육을 실행해온 대표적인 대학으로서 오랫동안 종교교육과 인성교육을 교육과정에 포함해왔다. 1962년 교황 요한 23세가 소집하여 1965년 교황 바오로 6세 때 폐막한 '제2차 바티칸 공의회' 이후 가톨릭과 더불어 여러 종교계에서 많은 변화가 있었는데, 그 가운데 〈그리스도인 교육에 관한 선언〉(1965)은 교육 분야에서 중요한 변화를 이끌었다. 12개 항의 짧은 문헌이지만 모든 인간의 교육권 및 교육의 중요성을 강조하면서 교육의 핵심적인 방향과 교육자의 사명을 제시했는데, 이는 특정 종교만이 아니라 교육이 나아가야 할 전반적인 지

---

2) 이향만, 〈인성교육으로서의 종교교육〉, 《종교교육학연구》 52, 한국종교교육학회, 2016, 151쪽.

3) 성해영 · 박범석, 〈'인성교육진흥법' 제정의 종교교육적 의미: 종교와 인성교육의 관계를 중심으로〉, 《종교교육학연구》 49, 한국종교교육학회, 2015, 2쪽.

향점을 보여주었다.

당연히 종교적 메시지가 담겨 있는 문헌이지만, 〈그리스도인 교육에 관한 선언〉은 1항부터 인성교육을 선언한다. "참교육은 인간의 궁극 목적과 더불어 사회의 선익을 지향하는 인격 형성을 추구한다. 인간은 한 사회의 구성원으로서 살아가며 어른이 되어 그 사회의 책임을 맡을 것이다"라는 문장은 참교육이란 올바른 인격을 형성하도록 하는 전인교육임을[4] 밝혀놓은 것이다. 비록 이 선언이 세례 받은 종교인을 교육 대상으로 삼고 있다 하더라도 비신자들과 신자들이 함께 교육을 받는 대학의 교육현장에서 종교교육의 목적이 인성교육의 목적과 다르지 않음을 보여준다.

따라서 본고에서는 종교교육을 궁극적 목적이자 교육의 근간으로 삼는 가톨릭대학교가 〈인성교육진흥법〉이나 기업의 요구 등과는 상관없이 그 이전부터 오랫동안 교육과정에서 보여준 인성교육의 변화과정을 살펴보고, 적극적으로 인성교육의 고도화를 추진해온 과정과 그에 따른 성과를 집중적으로 파악해보고자 한다. 이를 통해 앞으로 가톨릭대학교 인성교육의 미래 전망을 밝혀볼 수 있을 것으로 기대한다.

---

4) 최혜영, 〈'공의회 과정' 26, 그리스도인 교육 선언〉, 《평화신문》, 2008. 1. 10. 최혜영 수녀는 여기에서 1차적인 교육 대상은 우선 세례 받은 사람이며, 세례 받은 사람에게 교리교육 등을 수행함으로써 사회구성원으로서 올바른 인격 형성을 하도록 하고자 하는 교육 목적을 제시한 것이라고 했다. 그러면서 비신자도 다니는 가톨릭 학교에서 개인의 종교 자유 문제, 그리고 모든 학생에게 그리스도교를 가르치는 자유를 국가가 제한하는 문제 등 교육현장에서 복잡한 문제가 제기되고 있음도 언급했다.

인간학연구소의 교재 개발과 학술연구

1995년 통합 가톨릭대학교 출범 이후 건학 이념인 '인간 존중'을 더욱 구체적으로 구현하기 위해 가톨릭대학교에서는 1996년 〈인간학〉을 필수교양 교과목으로 개설하고, 기존의 '종교교육연구소'를 대대적으로 재정비하여 '인간학교육원'으로 개칭하면서 인성교육을 지원했다. "1998년부터는 이런 교육을 학문적으로 더욱 심도 있게 뒷받침하기 위해" '인간학연구소'로 재출범했으며, 2000년에는 "다양한 학문에 종사하는 학자들의 공동협력을 기초로 인간에 관한 폭넓은 연구를 추진"하면서 그 "결실을 담아낼" 학술지 《인간연구》를 창간했다.[5)]

본격적인 인성교육 교재 개발: 《사람과 사람》(2002)

〈인간학〉 교과목을 처음 시작할 당시에는 《인간학: 대학생을 위한 교양 교재》(1996)를 사용했는데, 대학에서의 인성교육이 주목받기 전 대학생을 위한 "적합한 교재가 전혀 없던 상황"에서 '인간학' "교육을 위해 급하게 발간된 '응급조치 성격'을 지닌 것"[6)]이었다. 따라서 심도 있는 연구와 논의를 통해 본격적으로 인성교육 교재를 개발해야 한다는 교육현장의 목소리가 지속적으로 들려왔다.

1999년 겨울, 인간학연구소에서는 그동안 이루어진 학술적 성과를 바탕으로 시대의 변화에 따른 보완과 교육현장 요구를 반영한 〈인간학〉

5) 최승룡, 〈축사〉, 《인간연구》 1, 가톨릭대학교 인간학연구소, 2000. 2, 7쪽.

6) 가톨릭대학교 인간학교육원 편저, 《사람과 사람》, 가톨릭대학교출판부, 2002, 7쪽.

교재의 개편 작업에 본격적으로 착수했다. 당시 가톨릭계 대학들이 가톨릭대학교의 '인간학' 교육에 관심을 표명하고 있던 터라 여타 대학들의 인간학 교육의 방향성을 제시하고자 하는 목적까지 더하면서 새로운 교재 편찬 논의는 뜨거웠다. 신학, 중세철학, 현대철학, 종교학, 종교교육, 역사학, 교육학 전공 교수들로 구성된 '인간학 교재편찬위원회'에서는 기존 교재에서 가져올 부분과 새롭게 집필해야 할 부분을 논의하고, 교과목을 강의하고 있는 교수들의 체험을 수집하여 학생들이 학습하는 데 더 적합한 구조를 갖추고자 했다.

이 교재는 단지 지식으로 읽혀야 할 책이라기보다 "전공과목 위주의 편협한 우물 안에 고립되기 쉬운 학생들에게 인간 전체를 바라볼 수 있는 기회"를 제공하고자 했으며, "젊은이들이 올바른 가치관에 입각하여 균형 있게 성장하고 전인적인 발전을 이룰 수 있도록" 하고자 하는 목적을 실현하고자 개설된 〈인간학〉 교과 교재이므로 특별히 학생들의 관심과 적성에 맞추기 위해 노력했다. 2년이 넘는 시간 동안 '인간학 교재편찬위원회'의 연구와 집필진들의 활발한 논의 과정을 통해 2002년 1학기부터 〈인간학〉 교재로《사람과 사람》을 사용할 수 있게 되었다.

제1부 '인간의 조건'에서는 일반적으로 인간에 대해 다룰 때 의문을 가지게 되는 인간의 기원 문제와 인간을 구성하는 기본 요소인 몸과 얼의 관계에 대해 다루고 있다. 그러나 이 부분은 해당 분야의 과학적 성과를 소개하거나 그 주제를 논리적으로 분석하는 데 그치지 않고, 이 문제를 어떤 방향에서 바라보아야 하는가 하는 비판적인 관점을 제시해준다.

제2부 '인간의 내면세계'에서는 우리 각자가 자기 자신의 내면세계를 관찰할 수 있도록 배려하고 있다. 인간 각자는 자아의식을 어떻게 형성해나가는가를 다양한 심리학적인 입장에서 성찰하고, 이렇게 형성된

자아가 구체적인 행위를 시작하면서 부딪치는 인간의 자유와 책임 문제를 다룬 후, 자유롭게 선택한 인간 행동이 자신의 인격적 성장으로 이끌어줄 수 있도록 하기 위해서는 어떤 윤리적 기준이 필요한가를 다루었다.

제3부 '개인과 공동체'에서는 앞서 고찰한 인간이 이 세계에 홀로 내던져진 존재가 아니라 자기를 둘러싸고 있는 이웃 또는 환경과 함께 살아가는 존재임을 부각시켜 공동체와의 관계를 살펴본다. 각 개인이 사회생활을 하면서 겪게 되는 갈등과 문제점을 '국가'라는 사회를 중심으로 다루는 한편, 지구화 시대에 제기되는 세계 평화 및 정의에 관한 문제도 고찰한다. 이렇게 인간 사이에 이루어진 공동체에 대한 고찰은 인간의 문화나 활동에 의해 변모해온 자연과의 관계로까지 확장될 수 있다.

제4부 '인간의 자기성취'에서는 특히 현대에 와서 주목받고 있는 인간이 자기를 실현하고 성취하는 과정을 몇 가지 대표적인 예를 통해 고찰한다. 먼저 인간이 자기완성을 향하고 자기성취를 이루기 위해 끊임없이 자기반성을 할 수 있는 기회를 제공해주는 '일[노동]'이 인간 삶에 미치는 영향을 다룬다. 이어서 예술이 자연에 있는 아름다움을 단순히 재현하는 것이 아니라 인간이 자기를 성취하는 창조적인 과정이라는 사실을 살펴본다. 이 과정을 통해 인간은 진리를 향해 나아가고, 자기 자신의 본질을 되돌아볼 수 있다.

제5부 '인간의 초월성'에서는 인간의 죽음과 종교에 대해 깊이 있게 다룬다. 죽음은 인간 생명의 근본적 덧없음이라는 불가해한 문제와 동시에 인간을 넘어선 위대한 존재의 부르심[소명]에 직면하게 한다. 한계에 부딪힌 인간은 초월적인 성스러움으로 향하는 자신의 종교심에 대해 자각하게 되는데, 인간의 종교심이 구체적으로 실현된 종교란 무엇이며,

어떻게 참된 종교를 선택할 수 있는가 하는 문제를 생각해본다. 이렇게 다양한 측면에서 연구된 인간의 모습을 토대로 참다운 인간상의 구체적이고 생생한 예로서 예수 그리스도를 함께 살펴본다.[7)]

총 5부 구성 후 권말에는 철학적 인간학, 신학적 인간학, 인류학, 심리학 그리고 문학 등 150여 권의 '인간학에 관한 추천도서 목록'을 제시했다.

총 5부 16장으로 구성된《사람과 사람》은 2002년부터 2015년까지 〈인간학〉 교재로 사용되었다. 교재《사람과 사람》은 〈인간학 1〉 2학점과 〈인간학 2〉 2학점으로 나누어 총 2학기 1년 동안 기초교양필수 4학점 교과목으로 운영되면서 학기별로 8개 장을 다루는 것을 목표로 했으나 교수자의 재량에 따라 선택적으로 주제를 다루기도 했다.

심포지엄 및 학술지 발간

인간학연구소는 1999년 11월 제1회 심포지엄을 시작으로 최근 2022년 3월 제29회 심포지엄에 이르기까지 매년 학술연구 심포지엄을 개최하고 있으며, 매달 진행해오던 월례 세미나를 연 4회 콜로키움으로 심화하기도 했다. 2011년부터는 가톨릭대학교의 〈BWL 가톨릭 인본주의 국제포럼〉[8)] 일부 행사로 인간학연구소의 심포지엄이나 콜로키움이

7) 가톨릭대학교 인간학교육원 편저,《사람과 사람》, 가톨릭대학교출판부, 2002, 9-11쪽 참조.

8) 가톨릭대학교는 기부자 이덕선 · 이덕형 형제의 아버지인 이원길(Bernard Wonkil Lee)의 첫 글자를 딴 'BWL' 국제포럼을 개최하고 있다. "포럼을 개최하는 목적은 우리 사회의 상호 소통과 공동체성을 회복하기 위해 가톨릭 정신에 따라 영성 · 인성 · 지성을 고루 갖춘 대학인을 양성하는 데 있다. 이를 통해 궁극적으로는 가톨릭 인본주의의 실현에 기여함과 아울러

이루어지면서 〈국제포럼〉 주제와 심포지엄의 주제를 일치시키기도 했다. 그리고 심포지엄에서 발표한 학술연구논문은 엄격한 심사를 거쳐 연구소 학회지 《인간연구》에 게재하고 있어 때로는 심포지엄의 주제와

〈표 1〉 학술지 《인간연구》 특집 주제 목록

연도	권호	특집 주제
2000	1호	인간의 내면세계
2001	2호	인간의 자기성취
2002	3호	인간의 초월성
2003	4호	디지털 시대의 인간 정체성
	5호	한국 근현대 100년의 삶 I. 인간 내면성을 중심으로 한 고찰 II. 교육과 사회를 중심으로 한 고찰 III. 음악을 중심으로 한 고찰
2004	6호	생명과학 시대의 인간 정체성
	7호	특집 1: 인간학적 관점에서 바라본 예술사 특집 2: 인간학적 관점에서 바라본 개별 학문
2006	10호	부부관계에 관한 인간학적 고찰
	11호	문화론 연구
2007	12호	문화 사이의 갈등과 신뢰
	13호	인간 생명과 삶의 질
2008	14호	세계화 시대에서의 정체성 문제
	15호	인간의 초자연성과 자유
2009	16호	대학생의 윤리의식과 가치관
	17호	보살핌의 윤리와 감사

가톨릭대학교의 건학 이념을 지속적으로 실현하는 데 있다." BWL 가톨릭 인본주의 국제포럼 홈페이지 참조. https://cukadmin.catholic.ac.kr/bwl/about1.html. 2022-02-28

연도	권호	특집 주제
2010	18호	진화생물학과 인간학
	19호	감성의 인간학 I: 분노
2011	20호	생명과 죽음*
	21호	가톨릭 영성과 휴머니즘
	22호	감성의 인간학 III: 욕망
2012	23호	윤리적 관점에서 본 인간의 본성
2013	24호	배려와 정의
	25호	자유와 소외
2014	26호	생명: 존재의 시작
	27호	희망과 믿음
2015	28호	결혼**
	29호	인간과 종교
	30호	참여와 나눔
2016	31호	인간성의 실현
	32호	인간의 도덕적 책임
2017	33호	인간과 생태공동체: 공존과 동반 성장
	34호	인간과 공동체: 불안과 치유
2018	37호	인본주의와 인문교육
2020	40호	삶과 인간
	41호	몸과 마음
	42호	종교적 인간의 삶
2021	43호	화해와 평화

* 심포지엄 '감성의 인간학 II-기쁨'이 있었으나 이와 관련한 논문은 1편만 실림. 특집 구성은 하지 않았다.

** BWL 주제는 '결혼과 출산'이었다.

《인간연구》 특집의 주제가 동일하게 구성되기도 한다. 그러나 심포지엄은 연 1회 개최되는 반면 《인간연구》는 최근 연 3회 발행되고 있어 주제의 일치를 원칙으로 삼지는 않고, 편집위원회에서 결정하고 있다. 위 〈표 1〉은 그동안 발행된 《인간연구》의 특집 주제 목록이다. 단, 특집을 구성하지 않은 연도와 권호는 항목을 생략했다.

위의 표를 살펴보면 〈인간학〉 교육과정에서 다루어지고 있거나 다루어야 할 주제들이 대부분을 차지하고 있다. 실제로 앞서 살펴본 〈인간학〉 교과목의 교재인 《사람과 사람》의 내용과 상통하는 주제가 많음을 알 수 있다. 따라서 이러한 학술적 연구들은 인성교육 현장에서 종종 공유되기도 하며, 교수자들은 교재 외에 참고자료로 이 논문들을 제시하기도 한다. 인성교육 담당 교수자들이 지속적으로 관련 분야를 연구 발표하고 논의하면서 그 과정에서 얻은 내용을 수업에 반영할 수 있다는 점에서 인간학연구소의 학술적 성과는 인성교육 성장에 큰 축을 이룬다고 할 수 있다.

가톨릭대학교의 경우 인간학연구소의 심포지엄에 참여하거나 학술지 《인간연구》에 논문을 발표하는 연구자들이 〈인간학〉 교과목의 담당 교수자인 경우도 다수여서 때로는 학생들과 함께 심포지엄에 참석하기도 한다. 이는 학생을 대상으로 하는 교과나 비교과 영역을 벗어나 교수자들이 주도하는 전문 학술 영역에서도 학생들에게 인성교육이 이루어질 수 있음을 보여주는 좋은 사례라고 할 수 있다.

ELP 고도화와 교양과정의 체계화

가톨릭대학교에서는 교육 이념인 '인간 존중' 실현과 미래사회 인재 양성을 위해 2008년부터 윤리적 리더 육성 프로그램(Ethical Leaders Rearing Program, 약칭 ELP)을 설계하여 운영했다.

전공 및 교양교육과정의 교과 영역과 비교과 영역을 유기적으로 체계화하여 ELP를 운영하던 중 2012년에는 'ELP 고도화'를 위해 새롭게 운영위원회를 조직하여 가톨릭 교육에서 윤리교육의 중요성과 필요성을 다시 한번 논의하면서 여러 대학의 윤리교육 상황을 조사 분석했다. 이와 더불어 대학별 교양교육 이수 체계 및 운영 실태와 사회봉사 교과목 운영 현황도 함께 살펴보면서 본교 교육과정이 지향하는 인성, 지성, 영성의 함양 방안에 대해 심도 있게 연구하여 가톨릭대학교 교양교육과정에 반영하고자 했다.[9]

그리스도교적 전인교육과 윤리교육[10]

그리스도교적 전인교육이란 인격적 기능의 통합 측면과 인격의 개방성 · 관계성 · 공동체성 구현 측면으로 나누어볼 수 있다.

먼저, 일반적으로 전인교육에서 전인이 지성, 인성, 감성, 영성 등

9) 가톨릭대학교 성심교정 ELP 고도화 연구위원회, 《ELP 고도화 연구위원회 연구보고서》, 2013. 2, 3쪽.

10) 가톨릭대학교 성심교정 ELP 고도화 연구위원회, 《ELP 고도화 연구위원회 연구보고서》, 2013. 2, 17-18쪽 참조.

인간의 총체적 측면을 포함하는 개념이라면, 전인교육은 총체적 측면이 균형과 조화를 이루는 교육을 의미한다. 이러한 시각은 성경에 나오는 인간에 대한 통찰과 연결된다. 성경에서 말하는 완전한 인간이란 하느님의 완전함을 추구하는 인간, 즉 창조 때의 하느님의 모상으로 돌아가는 인간을 말한다. 이러한 인간은 회개, 즉 지성, 감성, 의지, 행위의 전인격적 변화를 통해 형성된다. 그리스도교에서 지향하는 완전한 인간은 그리스도의 인격에 자신을 일치시키면서 인격의 모든 기능이 총체적으로 계발된 인간을 의미한다.

다음으로, 그리스도교적 전인교육은 타자에게 열려 있는 개방성, 관계성, 공동체성을 완성하는 교육이다. 일반적 의미의 전인교육은 한 개인의 조화로운 성장을 강조하는데, 이러한 성장과 더불어 개인이 속한 사회와 국가에 기여하는 사람으로 성장하도록 이끌어줄 수 있는 교육목표의 보완이 필요하다. 개인 능력의 균형 잡힌 성장이 이웃과 사회, 자연의 통합적 성장을 보장해주지는 않는다. 인격은 공동체성을 특징으로 갖고 있으며, 타자에게 열려 있으므로 인격의 총체적 · 통합적 성장을 보장하는 새로운 전인교육 개념이 요청된다.

그리스도교적 전인교육은 자기중심이 아닌 타자, 다시 말해 하느님과 타인, 자연 등 자기 아닌 다른 존재를 포괄하여 중심에 두는 가치관을 기반으로 한다. 타자 중심의 가치관은 자기중심으로 흐르기 쉬운 인간의 기본 성향에서 벗어나 타자에게 열린 공동체적 존재로서의 인간을 이해하도록 이끌어준다. 그 결과 경쟁이 아닌 협동의 가치와 더불어 살아가는 삶의 진정한 의미를 깨닫도록 도울 뿐 아니라 공동체적 삶 속에서 비로소 인격적 완전성에 도달할 수 있다는 깨달음을 갖도록 이끌어준다.

인격이 총체적으로 계발되고 타자에게 열린 사회적 본성을 구현한 인간 양성을 목표로 하는 교육이 전인교육이며, 이 교육은 가톨릭 학교에서 추구하는 교육의 목적이다. "이 목적에 도달하기 위해 한 인격은 타자와 올바른 관계를 형성해나가야 하는데, 이는 사회적 본성을 지닌 인간이 자신을 완성해나가는 데 필수적인 부분이기 때문이다. 이때 올바른 관계 형성은 자기중심이 아닌 타자 중심의 가치관을 형성할 때 가능하다. 타자는 타인, 자연, 하느님을 모두 포함하는 개념이다. 이 중에서 타인 · 자연과의 올바른 관계 형성을 지칭하는 포괄적인 용어를 '윤리'라 할 수 있고, 하느님과의 올바른 관계 형성을 지칭하는 포괄적인 용어를 '영성'과 '윤리신학'이라 할 수 있다.

이러한 의미에서 볼 때 전인교육을 실현해나가는 데 있어 윤리교육은 필수적인 부분이라 할 수 있다. 가톨릭대학교에서 '윤리적 리더'를 강조하는 것은 교육의 목적인 '전인', 즉 인격적으로 균형 잡힌 '완전한 인간'을 양성하기 위한 하나의 중요한 방법이 될 수 있다는 점에서 타당성을 갖는다고 할 수 있다.[11]

학부대학 교양교육과정 체계 확정

'ELP 고도화' 연구위원회에서는 본교의 인재상인 "인성 · 영성 · 지성이 통합된 윤리적 리더" 양성을 목표로 교양교육과정 방향을 수립하고자 했는데, 연구 결과 '윤리적 리더'가 갖추어야 할 핵심 능력으로 윤리성, 봉사성, 창의성, 전문성, 국제성을 제시한다. 그리고 핵심 능력별로

11) 가톨릭대학교 성심교정 ELP 고도화 연구위원회, 《ELP 고도화 연구위원회 연구보고서》, 2013. 2, 19-20쪽.

세부 자질을 구체화한다. 우선 윤리성의 세부 자질은 생명존중, 인간존중, 공동체의식, 올바른 가치관 등을, 봉사성의 세부 자질은 상생, 협력, 배려, 나눔의 실천 등을, 창의성의 세부 자질은 다양한 지식의 창의적 융합 및 적용, 문제해결, 분석적 사고, 비판적 사고 등을, 전문성의 세부 자질은 전공 및 관심분야 지식의 이해 및 적용, 적성과 소질의 계발, 경력개발, 직무수행능력 등을, 국제성의 세부 자질은 이문화 이해 및 수용, 세계시민으로서의 자질, 외국어 능력, 국제적 안목 등을 제시했다.

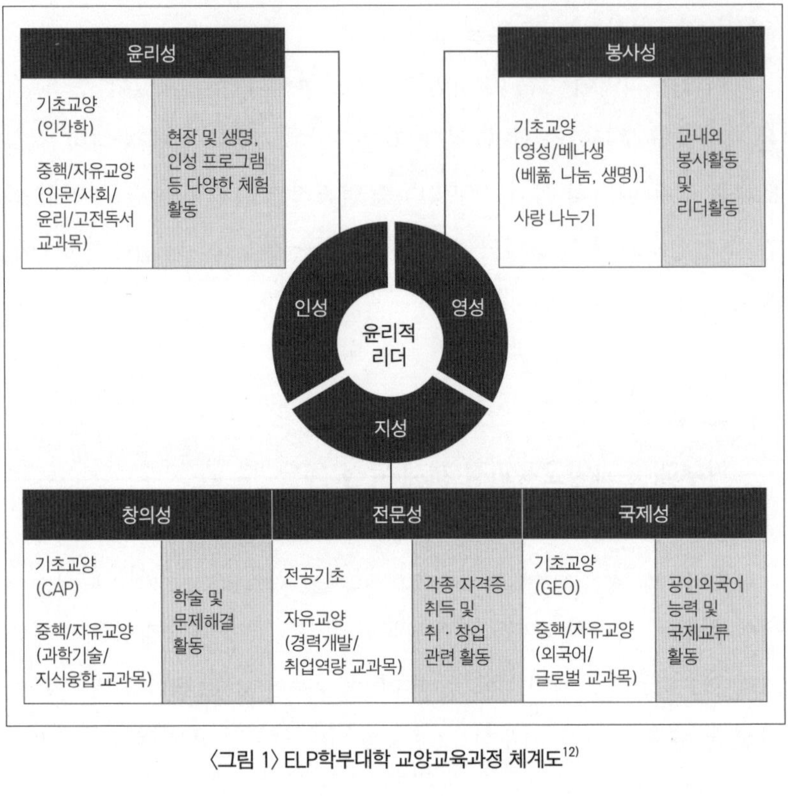

〈그림 1〉 ELP학부대학 교양교육과정 체계도[12]

12) 《ELP 고도화 연구위원회 연구보고서》, 51쪽.

인성 · 영성 · 지성을 함양할 수 있는 다섯 가지 핵심 능력을 설정하고, 교과 및 비교과 영역의 교양교육과정과 연계 방안을 체계화했다.

학부대학의 교재 개발 및 교과 · 비교과 프로그램

2010년대 초반부터 새로운 〈인간학〉 교재 개발에 대한 요구가 있었다. 10여 년이 넘도록 《사람과 사람》을 사용해오면서 시대적 변화와 대학 신입생의 세대적 변화가 발생했으므로 그에 걸맞은 교육 내용과 방법론을 적용하고 학생에게 더욱 적합한 체계를 갖추어야 한다는 문제제기가 있었다. 또한 교재 한 권으로 2개 학기 동안 수업을 운영하면서 담당 교수자에 따라 선택적으로 주제를 선정하여 수업이 이루어지기도 함으로써 〈인간학 1〉과 〈인간학 2〉의 교과목 성격이 모호해지는 일이 발생했다는 지적이 있기도 했다. 때로는 〈인간학 1〉 수업 시간에 이미 수강한 주제가 다음 학기 〈인간학 2〉에서 또다시 다루어져 당황했다는 학생 의견이 나오기도 했으며, 방대하고 어려운 교재의 많은 부분이 수업 시간에 다루어지지 않아 교재의 필요성에 의문을 나타내는 경우도 있었다. 이에 〈인간학 1〉과 〈인간학 2〉로 나누어진 수업 구성에 맞추어 교재도 각각 학기별로 사용할 수 있도록 체계의 변화를 꾀하고, 내용 역시 수정과 보완이 필요하다는 요구가 있었다.

이러한 여러 가지 요구를 반영하여 학부대학에서는 2015년 1월 '인간학 교재개발연구위원회'를 결성하여 겨울방학 동안 집중적으로 교재 연구와 세미나, 워크숍 등을 진행했다.

새로운 교재 《인간의 이해 1》·《인간의 이해 2》(2017)[13]

학부대학 교수들로 이루어진 '인간학 교재개발연구위원회'는 새로운 〈인간학〉 교재의 목적과 방향, 주제 및 내용 구성, 교재의 외형적인 편집체계 및 형식, 그리고 교수 및 학습 방법 등을 다루었다.

기존 교재에 대한 반성적 성찰은 다음 세 가지로 압축할 수 있다.

첫째, 교재 내용에 담긴 함축적이고 추상적인 철학적 개념이나 특수용어에 관해 학생들이 어려움을 느낀다는 점, 비종교인들에게 특정한 종교적 표현이 낯설다는 점 등을 해결할 필요가 있다는 것이다.

둘째, 교재가 일반적이고 이론적인 내용에 치우치지 않고 현실 생활에서 가치관의 혼란을 겪고 있는 학생들에게 이론과 현실을 연관시켜 올바른 삶의 자세와 방향성을 확립할 수 있도록 좀 더 구체적이고 실천적인 내용을 포함시켜야 한다는 것이다.

셋째, 현재의 교재는 서론-본론-결론의 구성이 탄탄하여 학생들이 지적인 접근을 할 때 매우 도움이 되지만, 학생의 자기주도적 역량을 향상시킬 수 있고 교수자의 재량 폭을 넓힐 수 있는 열린 구성이 요구되기도 한다는 것이다.

위와 같이 수정 보완이 요구되는 점도 있으나 그대로 유지되어야 하는 점도 있다는 것을 분명히 했다. 그것은 현재 〈인간학〉 교재가 지향하고 있는 종립학교로서의 정체성과 대학의 건학 이념에 적합한 그리스도교적 〈인간학〉의 내용이다.

---

13) 가톨릭대학교 인간학 교재개발연구위원회, 《인간학 교재개발연구위원회 연구보고서》, 2015. 2. 참조.

〈인간학〉 교과목의 개설 취지는 다음과 같다.

> *인간이 자기 존재의 기원과 삶의 궁극적 의미를 묻고 깨닫지 않는 한, 결코 자신과의 대면뿐만 아니라 다른 사람들과의 관계 안에서도 삶의 올바른 태도와 방식을 지니지 못할 것이다. 정의 사회와 평화 건설은 인간 존엄성에 대한 깊은 인식에서 비롯되며, 이는 인간의 보편적 가치 인식과 인간에 대한 올바른 이해를 전제로 한다. 이런 이유에서 인간학은 가톨릭대학교가 추구하는 '인간을 존중하는 전문인', '균형 잡힌 사회인' 그리고 '평화에 기여하는 열린 세계인' 양성에 기여하고자 한다.*[14)]

이러한 취지 아래 개설된 〈인간학 1〉과 〈인간학 2〉의 교육목표는 다음과 같다. 〈인간학 1〉에서는 인간의 기원에서 초월적 측면에 이르기까지 개체 인간에 대한 종합적인 분석을 통해 삶의 의미와 건전한 가치관 형성을 확립하도록 한다. 그리고 〈인간학 2〉에서는 관계론에 해당하는 영역, 즉 인간이 성장하면서 맺게 되는 가정, 자연, 사회, 국가, 세계 등과의 건전하고 성실한 관계 형성에 주안점을 두도록 한다.

이와 같은 〈인간학〉 교과목의 설립 취지와 목표에 따라 〈인간학 1〉의 새로운 교재《인간의 이해 1》과 〈인간학 2〉의 새로운 교재《인간의 이해 2》의 큰 흐름과 구성을 각각 다음과 같이 확정했다. 제1부 인간은 누구인가, 제2부 인간은 어떤 관계를 맺는가, 제3부 인간은 누구와 더불어 사는가, 제4부 인간은 무엇을 바라며 사는가 등 총 4부로 구성했다. 이러

14) 가톨릭대학교 ELP학부대학 홈페이지 2015년 2월 16일 접속 시 볼 수 있는 내용이다. 현재는 홈페이지가 개편되어《인간학 교재개발연구위원회 연구보고서》34쪽에서 재인용했다.

한 배열은 나에 대한 탐구와 성찰로부터 나와 너의 관계로, 그리고 우리가 더불어 살아가는 공동체의 문제로, 종국적으로 현재적인 삶을 넘어 인간 삶의 초월과 궁극의 문제로 나아가고 있다.

이러한 큰 흐름 가운데 개편 교재에 포함되어야 할 주요 핵심어를 선정하고 다루어야 할 내용 및 학습목표를 제시했는데, 간단하게 정리하면 다음과 같다.

〈표 2〉 교재 수록 예정 핵심어 및 내용[15)]

핵심어	학습목표
1 육체와 영혼	인간의 생물학적 특성을 지적하여 인간의 본연성이 드러나도록 한다. 특히 인간이 이분법적으로 읽힐 수 없는, 육체와 영혼 간의 유기적인 통일성을 지닌 존재임이 확연히 드러나도록 한다.
2 자아	자아의 발달과정 및 그 구성요소에 대한 제시가 필요하다. 결국 인간은 마지막 순간까지 성장해가는 존재로, 자아 안의 각각의 요소들이 균형 있게 자라나는 것에 대해 각자가 끊임없이 관심을 가지도록 한다.
3 이성	인간의 정신성에 있어 가장 특징적인 요소인 이성, 그리고 그 외 감성이나 의지 등 개인의 행동과 발달에 지대한 영향을 미치는 모든 요소를 활용하여 인간 인격의 중요한 특징인 자유의지가 드러남을 알 수 있도록 한다.
4 양심	정신적 성숙에서 필수적으로 언급되어야 하는 것은 올바른 양심이며, 양심은 판단력과 함께 어떤 선택이 가장 '따라야 할' 선택인지를 찾는 윤리적 결론에 도달하게 하는 것임을 깨닫도록 한다.
5 사랑	인간관계에서 성숙한 사랑은 아주 중요하며, 그것은 균형 잡힌 사랑으로 이루어지는 것이다. 따라서 여러 차원으로 존재하는 사랑에 대해 인지하고 실천하면서 삶 속에서 성숙한 사랑을 도모할 수 있도록 한다.
6 배려	사랑의 관계 안에서 갖는 배려의 태도와 더불어 사회질서 차원에서 준법정신과 질서의식을 갖는 배려의 행동에 대해 생각해본다. 그리고 배려와 봉사의 관계 및 실천의지에 대해서도 알아가도록 한다.

15) 《인간학 교재개발연구위원회 연구보고서》, 49-53쪽 참조.

핵심어	학습목표
7 우정	우정은 사랑에 대해 고찰하는 부분에서도 다루어지겠지만, 특히 청년 시절의 우정에 대한 논의를 통해 대학생들에게 캠퍼스에서의 상호 관계를 긍정적으로 이해하게 하고 생활의 변화와 활기를 가질 수 있도록 한다.
8 성(性)	학생들에게 시급히 요청되는 것 중 하나가 바로 '성'에 대한 올바른 이해를 돕는 것이다. 따라서 인간 이해에 기반한 성에 대한 이해와 건강한 삶을 위한 성의식 및 성윤리에 대해 알아가도록 한다.
9 윤리	오늘날 가치관이 모호해져가는 시기에 성인으로서의 삶을 시작하는 대학생들에게 윤리교육의 필요성을 알게 하고, 종립학교로서 추구하는 인재상인 윤리적 리더로서의 면모를 위한 적절한 윤리교육이 되도록 한다.
10 정의	현실적으로 가능한지의 여부를 떠나 옳은 것, 마땅히 그래야 할 것은 언제나 인간의 지향점으로 남아 있음을 알도록 한다. 정의의 필요성과 정의가 구현되는 사회, 또 그것을 위해 기꺼이 실천을 받아들이는 개인의 위상과 역할에 대해 인식하도록 한다.
11 생명	생명과 대척점에 있는 오늘날의 '죽음의 문화'에 대해 비판적 사고를 하도록 하고, 생명에 대한 올바른 가치관을 세우며, 생명을 위한 행동을 선택할 수 있도록 한다.
12 인권	인간의 존엄성과 연관된 인권은 단지 법률적 권리가 아닌 인간으로서 마땅히 누려야 할 권리임을 이해하고, 인권이 지켜지는 사회를 위한 책무에 대해서도 논의하도록 한다.
13 가정	시대의 변화에 따라 가정의 개념, 규모, 구성원의 역할 등이 변화하고 있음을 인식하면서 오늘날 가정의 의미에 대해 생각해보고, 개인의 가정을 넘어서는 열린 가정과 사회공동체의 가치, 그 구성원의 역할에 대해 인식하도록 한다.
14 일	앞으로의 진로를 결정하고, 진로에 관한 역량을 키워가야 할 시기를 맞은 대학생들이 자신을 완성하는 수단으로서 일의 가치를 깨달으며, 또한 직업을 통해 얻어야 할 중요한 덕목에 대해 생각해보도록 한다.
15 과학	과학이 갖는 사회문화적 영향에 대해 알아보고, 과학으로 인해 변모한 인간의 모습을 관찰함과 동시에 미래 인간의 모습을 상상하면서 과학윤리를 논의해보도록 한다.
16 생태	인간이 이루고 살아가는 공동체보다 더 큰 생태적 공동체를 인식하고, 그 안에서 모든 존재의 위상과 역할 그리고 그 공동체를 지키기 위해 인간이 무엇을 하고 어떻게 살아가야 하는지 생각해보도록 한다.
17 문화	인간이 문화 안에서 자기 스스로 건설하고 완성해가는 존재임을 알도록 한다. 문화란 무엇인지 생각해보면서 일상생활에서 누리고 있는 문화를 발견하고 가꾸어나갈 수 있도록 한다.
18 행복	개인의 행복과 공동체의 행복에 대해 생각해보면서 불행과 행복을 어떻게 나누고, 일시성을 지니는 행복을 어떻게 지켜나갈 수 있는지 논의해본다. 또한 단순한 즐거움이 아니라 행복한 삶을 위해 필요한 것은 무엇인지 성찰해보는 기회를 갖는다.

핵심어	학습목표
19 고통	고통을 경험할 수밖에 없는 인간은 그 고통에서 풀려나기를 희망하는데, 고통이 인간의 삶에 어떤 의미와 가치를 지니는지 깨닫도록 한다. 삶 가운데 발견되는 고통의 치유 과정을 공유하고, 고통의 나눔에 대해 이야기하면서 서로의 존재 의미를 확인할 수 있도록 한다.
20 죽음	모든 인간이 스스로 감당해야 함에도 불구하고 회피하기 쉬운 죽음에 대해 본격적으로 논의한다. 자기 자신의 죽음과 가까운 사람의 죽음, 사회적인 죽음 등 인간이 겪는 죽음의 의미와 건강한 죽음을 위한 준비 과정에 대해 알아가도록 한다.
21 믿음	보이지 않는 무언가에 대한 공통적인 확신은 '신념'이라는 이름으로 믿음의 차원에 포함되어 있으며, 인간은 이렇듯 여러 방면에서 믿음을 가지고 살아가고 있음을 인식한다. 그리고 믿음의 영향력과 믿음의 자세에 대해 논의하도록 한다.
22 궁극적 존재	어떤 특정 종교의 신을 다룬다기보다 인간이 품는 궁극적인 질문의 내용으로서 궁극적 존재에 대해 알아본다. 나아가 종교와 종교심에 대해 깊이 있는 나눔을 갖도록 한다.

이상의 22가지 핵심어를 다루는 〈인간학〉의 교재는 《인간의 이해 1》과 《인간의 이해 2》로 나누어 두 권으로 구성하되 연속성을 지닐 수 있도록 1부와 2부는 전자에, 3부와 4부는 후자에 포함하도록 했다. 그리고 각각 9가지 주제를 다루어 〈인간학〉에서 총 18가지 주제를 만나볼 수 있도록 했다.

《인간의 이해 1》 제1부에서는 인간의 정체성에 대한 탐색과 명확한 이해를 바탕으로 학생들이 각자 자신의 주체성을 찾아나갈 수 있도록 했다. '나'는 누구이며, 어디에서 왔고, 어떻게 구성되어 있으며, 인간의 자유와 존엄성이란 무엇인지 숙고하도록 했다. 그리고 제2부에서는 인격적 관계 형성을 위한 방법, 성숙한 사랑이란 무엇이며, 윤리란 무엇이고, 세상에서 가장 소중한 가치인 생명은 어떻게 지켜나갈 것인지에 대해 묻고 답하며 깊이 있는 사고와 실천 방안을 찾도록 했다.

《인간의 이해 2》 제3부에서는 공동체 안에서 자아를 실현하기 위해 약자에 대한 우선적인 관심과 행복한 가정의 실현, 그리고 과학과 인간의 삶, 생태환경 보호 등에 대한 내용을 고찰함으로써 더불어 살아가는 삶의 의미와 기쁨을 성찰할 수 있도록 했다. 제4부에서는 행복, 고통, 죽음, 종교 등 일상에서 쉽게 논의해보지 못했던 '정신적 · 초월적 · 영적' 문제들을 숙고하고 삶에 적용할 수 있도록 했다.

한편, 각 장은 2학점 2시간 수업 운영임을 염두에 두고, 교수자와 학습자를 고려하여 주제 관련 이론적인 측면과 일상적 체험 및 실천을 이끌어낼 수 있는 수행적 측면을 아우른 구성을 취했다. 각 장의 도입부에 개관을 통해 학습목표를 서술하고, 상위 주제와 하위 주제를 체계적으로 분화하여 설명하도록 했으며, 주제 관련 사례는 동시대의 구체적인 것으로 제시하도록 했다. 또한 주제에 어울리면서 읽어볼 만한 고전 텍스트를 본문 내에 박스 형태로 제시함으로써 주제에 대해 심화적 이해를 도울 뿐만 아니라 감동적인 깨달음을 얻을 수 있도록 했다. 이 외에도 주제 관련 실제 사건 이야기를 담아 현실에 적용하고자 했으며, 다양한 학습활동 및 생각해볼 문제를 통해 학생들이 스스로 주제에 대해 사고하고 실천할 수 있도록 했다.

학부대학의 교과 프로그램: 인간학 특강

가톨릭대학교 학부대학에서는 매 학기 '인간학 특강'을 마련하여 〈인간학〉 교과목 수강 학생들에게 수강하게 함으로써 교재를 중심으로 한 학기 동안 펼쳐지는 커리큘럼을 벗어나 시의적절한 인성교육이 이루어지도록 하고 있다. 1학기에는 가톨릭 정신과 더불어 신입생으로서 품어야 할 비전 및 대학생활의 자세 등을 '총장님과 새내기가 함께하는 인간학 봄 특강'으로 마련하고, 2학기에는 해마다 다른 주제를 가지고 '외부 전문가 초청 인간학 가을 특강'을 열어 다양한 분야의 강사들을 초대하고 있다.

예를 들어 2021년에는 〈코로나19 시대에 "함께" 살아가기〉를 주제로 5명의 강사를 초청하여 가을 특강을 열었다. 문요한 정신경영아카데미 대표의 "코로나19 시대 자기돌봄과 타인돌봄", 오창익 인권연대 사무국장의 "나와 이웃의 행복한 삶을 위한 인권", 박경화 환경운동가의 "공동의 집, 지구 살리기", 남재환 의생명과학과 교수의 "코로나 바이러스와 백신에 대하여", 오은선 녹색병원 간호사의 "삶의 마지막 시기, 함께 돌봄", 정인경 과학 저술가의 "공감과 연대로 나아가는 공공의 과학" 등의 특강이 이루어졌다.

인간학 특강은 교과 프로그램으로, 수업의 일부로 인정하여 〈인간학〉 교과목 수강생들이 의무적으로 참석해야 한다. 한꺼번에 다수의 학생들이 참석하는 행사이기에 그에 따른 문제들이 발생하기도 하지만, 이러한 문제들은 특강이 지니는 가치와 효과로 상쇄되고도 남는다. 앞서 잠깐 살펴본 것처럼 인간학 특강의 주제는 그때그때 학생들에게 긴요하다고 여겨지는 것으로 선정되고, 전문가 초청을 통해 내용이 갖추어짐으로써 사회 현실의 상황을 빠르게 반영할 수 있다는 장점을 지닌다.

교재를 기반으로 정규 교과목을 운영하면서 변화무쌍한 사회의 현실적 상황에 맞추어 교수자들이 재빠르게 그에 대응하는 인성교육을 실행한다는 것은 어려운 일이다. 하지만 코로나19처럼 변화하는 현실적 상황에서 학생들은 분명히 혼란에 직면할 것이며, 그에 따른 적절한 인성교육이 필요하다. 인간학 특강은 바로 이 문제에 대처할 수 있는 좋은 방안이다. 교과목 운영을 교수자 1인에게만 떠맡기지 않고, 쉽고 빠르게 바꿀 수 없는 교재를 보완하기 위해 단지 추가 참고자료를 제시하는 데 만족하지 않고 적극적으로 교과 과정 안에 프로그램을 마련함으로써 교수자와 학습자 모두를 지원할 수 있어야 한다.

이를 위해 한 학기 1회 다수의 학생들이 한꺼번에 수강하고 있는 인간학 특강 프로그램을 보완할 필요가 있다. 만일 소수의 학생들이 여러 번의 특강을 접할 수 있도록 프로그램을 구성하려면, 유명 전문가 초청의 경우 섭외 및 재정적 문제에 부딪힐 수 있다. 학부대학 내에서도 이러한 문제를 보완하면서 인간학 특강 프로그램을 개선하기 위한 방안으로 〈인간학〉 교과목을 강의하고 있는 교수자들이 직접 특강 강사로 나서거나 팀티칭을 하는 방법이 제시된 바도 있다. 그러나 강의 준비에 대한 부담과 수업 운영의 어려움으로 이 제안은 발전적으로 모색되지 않았다. 정규교과목 내의 프로그램이라 하더라도 틀에서 벗어나 인간학 특강의 장점을 살릴 수 있는 방안에 대한 논의가 더 적극적으로 이루어질 필요가 있다.

학부대학의 비교과 프로그램[16)]

앞서 살펴본 교과 프로그램 '인간학 특강'의 현재 최대 난제는 다수

---

16) 〈사제동행 프로젝트〉 2015~2018 최종보고서 참조. 가톨릭대학교 ELP학부대학, 《사제동행 프로젝트 최종보고서: 청년이 만드는 사회, 창의적 융합 기반의 지식 창출》, 2015; 가톨릭대학교 학부대학, 《사제동행 프로젝트 최종보고서: 시선의 경계, 그 너머》, 2016; 가톨릭대학교 학부대학, 《사제동행 프로젝트 최종보고서: '너' 그리고 '우리', '나'를 찾아가는 '대학'》, 2017; 가톨릭대학교 학부대학, 《사제동행 프로젝트 최종보고서: 시간의 자취, 공간의 흔적》, 2018.

의 학생이 한꺼번에 수강해야 하는 점을 꼽을 수 있다. 이와 달리 비교과 프로그램의 경우 소수의 학생을 대상으로 교수와 학생이 돈독한 관계를 형성하며 프로그램을 진행할 수 있는 자유로움이 있다.

2015년부터 학부대학에서 추진했던 '사제동행(師弟同行) 프로젝트'가 바로 대표적인 소규모 밀착형 비교과 프로그램이다. 다양한 전공 분야를 기반으로 하되 학부대학 교수들이 제각각 제시한 주제에 맞추어 전공 및 학년 상관없이 한 팀을 이루어 프로젝트를 진행하면서 교수·학생 간 밀착형 상호작용이 이루어지도록 했다. 처음 사제동행 프로젝트를 기획할 당시에는 창의력과 융복합 역량을 강화하기 위한 프로그램으로 출발했으나, 2017년부터는 인성함양 프로젝트로 전환했다. 2015년 융복합 프로젝트로 시작할 때의 주제와 2017년 인성함양 프로젝트로 전환했을 때의 주제를 비교해보면 〈표 3〉과 같다.

〈표 3〉의 주제를 살펴보면 알 수 있듯이 사제동행 프로젝트를 수행하는 데는 상당한 시간이 필요하다. 교수와 학생 모두 교과 수업을 진행하면서 이러한 비교과 프로그램을 수행하는 데 어려움이 있을 것으로 예상되어 2015년 처음 사제동행 프로젝트를 시작할 당시에는 방학 기간을 염두에 둔 기획을 했다. 5월에 학생을 모집하여 1학기 말인 6월에 OT를 하고, 여름방학 동안 집중적으로 프로젝트를 진행한 후 2학기 말인 11월에 심포지엄을 열어 서로 다른 프로젝트팀들이 한자리에 모여 결과를 공유하는 시간을 가졌다. 재정적 지원[17]을 받아 진행하는 프로젝트여서 12월까지 재정 결산 보고 및 보고서 작성 등을 진행했으므로 한 학기가 넘는 기간 동안 프로젝트가 진행되었다.

17) 상황에 따라 ACE 혹은 CORE의 예산 지원을 받아 진행했다.

〈표 3〉 2015년과 2017년 사제동행 프로젝트 주제 비교

2015년 사제동행 융복합 프로젝트	2017년 사제동행 인성함양 프로젝트
대자보 분석을 통한 대학생들의 집단지성 분석과 생산	구글로 성찰하는 삶, 삶으로 노래하는 시(詩)
세상을 바꾸는 착한 여행	웹툰으로 만나는 나, 너, 우리의 일상
유학생 문화갈등 관리를 위한 상호문화 가이드라인	영화 발견단: 나와 너의 영화 대화
지속가능발전을 위한 글로컬 창의과제	도서관에서 만나는 너와 나, 우리의 미래
자율적 독서와 독서 나눔을 위한 실천	2030년 세상의 나, 테크놀로지와 공감
자기형성 능력을 위한 미디어 리터러시 교육	공유의 인(人)물(物)화(話): 사람과 사물의 이야기를 나누는 가톨릭대학교 공유 허브를 꿈꾸며
지속가능발전을 위한 적정 기술 설계	WIFY(We=I Freehugs You) '껴안아주기-Free Hugs'를 통한 따뜻함 채우기
고령화 사회의 노인복지와 첨단기술의 창조적 융합	'나'와 '너'의 경계를 넘어서: 코스모폴리타니즘(Cosmopolitanism)
내 안의 아티스트를 만나자	
일상의 감각에서 깨움의 감각으로	

다양한 전공과 학년의 학생들이 소규모로 모여 교수와 함께 한 학기 이상의 시간 동안 관계를 형성하고, 하나의 주제에 집중하여 학습하고 실천하면서 길러진 역량은 창의성 및 융복합 역량 그 이상이다. 주제의 문제해결을 위한 기획과 더불어 예산에 대한 기획까지 한 팀을 이룬 학생들이 스스로 참여하고 실행에 옮겨야 하는 프로젝트이기에 공감과 소통 능력, 역할 이해와 수행 능력, 자기주도 학습 및 실천 능력이 장시간 소규모 프로젝트를 수행하면서 함양되었다. 따라서 어떤 주제로 프로젝트를 했든 이러한 비교과 프로그램에 참여한 학생들의 경우 인성교육

이 동반되었을 것은 의심할 여지가 없다.

다만 위의 표에서 융복합 프로젝트로 기획했을 때와 인성함양 프로젝트로 기획했을 때의 주제 선정에서 가장 큰 차이가 무엇이었는지 비교해본다면, 인성함양 프로젝트가 상대적으로 '나'에 집중해볼 시간을 더 확보했다는 점이다. 공동체에 대한 관심에서 출발하여 사회적 문제를 분석하고 해결방안을 모색해본 후 실천의 첫걸음을 수행하는 측면에서는 유사한 점이 있으나 융복합 프로젝트의 경우 사회현실적 문제 파악 및 해결에 초점을 맞춘 경향이 있다면, 인성함양 프로젝트의 경우 참여 학생 자체에 우선적으로 초점을 맞추고 있음을 알 수 있다.

소규모 학생을 대상으로 한 비교과 프로그램에는 '사가독서(賜暇讀書)'가 진행되기도 했다. 여름방학 기간을 이용하여 학생이 자기주도적인 독서에 몰입하고 독서를 통해 자기성찰을 이룰 수 있도록 기획된 프로그램으로, 개인이나 팀 단위로 도서구입 비용을 지원하고 교수와 함께 독서세미나를 수행하도록 했다. 교수가 학생과 함께 선정 도서를 읽고 세미나를 진행하되 밀착형 프로젝트처럼 긴밀하게 지도하는 것은 아니며, 학생 스스로 도서를 선정하고 학생이 자기주도적으로 독서 및 독서일기 쓰기를 자유롭게 수행하는 것을 지원하는 프로그램이다.

이처럼 교수와 학생이 직접 만나는 비교과 프로그램 외에 학부대학에서는 콘테스트를 통해 학생 스스로 자기 내면을 성찰하고 가치와 의미를 평가하는 한편, 사회적 고민을 심도 있게 사색해보는 자리를 마련하기도 했다. '청춘의 서재: 내 인생의 한 권의 책'과 '체험 나눔 콘테스트'가 대표적인 프로그램인데, 이 두 프로그램은 가장 오래된 비교과 프로그램으로 자리 잡았다.

2011년부터 시작한 '청춘의 서재: 내 인생의 한 권의 책'은 대학생이 독서의 주체가 되어 책을 통해 능동적으로 타인 혹은 세상과 소통하도록 하고자 기획했다. 전반적으로 한국인의 독서량이 줄어들고 있을 뿐만 아니라 입시 위주의 교육으로 자발적이고 주체적인 독서에서 멀어져 가는 청년 독서의 문제점을 극복하는 한편, 책을 통해 청년의 고민을 나누고 지혜를 모으고자 독서 에세이와 UCC 공모전을 개최한 것이다. 독서 에세이는 일정 기간 동안 응모한 작품을 대상으로 심사위원이 수상작을 선정한 후 포스터 전시를 통해 학생들과 공유할 수 있는 자리를 마련했는데, 학생의 투표로만 인기상을 수상하는 방안이 추가로 기획되기도 했다. UCC는 1차 심사를 통과한 작품을 행사 당일 대학생평가단이 심사위원과 함께 수상작을 선정하도록 했다. 대학생평가단은 150여 명 안팎으로 일정 기간 동안 신청을 받아 대규모로 모집하고 있는데, 이를 통해 '청춘의 서재: 내 인생의 한 권의 책' 행사의 취지와 의미를 홍보하는 기간이 늘어나고 대학생평가단으로 참여한 학생이 이후 공모전에 참여하는 효과를 얻기도 했다.

2012년부터 시작한 '체험 나눔 콘테스트'에서는 교과 · 비교과 봉사활동을 체험한 학생들이 그와 관련한 수기를 작성하거나 홍보 포스터를 만들거나 동영상을 제작하여 제출하면 심사를 통해 상을 수여하고 전시회를 갖는다. 특히 국제 봉사활동 체험 공유의 장으로 확장하여 행사 기간 동안 사진 및 동영상을 전시함으로써 콘테스트 참여 학생들뿐만 아니라 많은 학생이 봉사활동 체험 학생들의 생각을 공유하고 공감할 수 있도록 했다.

위의 두 프로그램은 오랜 시간 동안 지속적으로 행사를 개최하면서 문제들을 보완해나가고 있다는 점과 학생들의 평가와 투표로 인기상이나 수상작이 결정되기도 한다는 점이 공통점이라 할 수 있다.

인간학연구소와 학부대학의 동반 인성교육

가톨릭대학교 인간학연구소에서는 2019년부터 한국연구재단으로부터 '경계-모듈형 CUK 인성교육과정 개발연구' 사업의 지원을 받고 있다. 이 사업을 통해 2020년부터 학술대회 및 전문가초청 특강을 개최하여 인성교육에 관심 있는 연구자와 교수자들이 논의를 심화할 수 있도록 하고 있다. 그리고 인성교육 현장에서 유용하게 활용할 수 있는 주요 도서나 영화를 기반으로 모듈북, 오디오북, 주제별 고전 읽기 및 강의 동영상, 인터뷰 형식의 MOOC 동영상 등을 제작하고 있다.

무엇보다 중요한 것은 교육자료의 현장 활용이다. 이와 같은 인성교육 자료가 연구소를 통해 아무리 수준 높게 제작된다고 하더라도 교육현장에서 유용하게 활용되지 않는다면 무용지물이 될지도 모른다. 오늘날 동영상 자료들은 여러 매체를 통해 검증되지도 않은 채 헤아릴 수도 없이 쏟아져나오고 있다. 학생들은 이러한 매체 환경에서 무분별하게 정보를 접하고 있는 실정이다. 그러나 한편으로는 교육 기관들을 통해 검증된 절차를 거쳐 유용하고 수준 높은 동영상 학습 자료가 지속적으로 제작되고 있다. 인간학연구소에서 제작한 동영상 역시 연구 및 교수 역할을 맡고 있는 전문가들의 다양한 논의를 거쳐 이루어지고 있다. 그리고 논의에 참여한 교수자들이 가톨릭대학교에서 직접 인성교육 현장에 이 자료들을 활용할 수 있는 여건에 놓여 있다. 연구소에 교육 자료들을 제작하고 대학 현장에서 그것을 정규 교과에 적극적으로 활용할 수 있는 시스템을 갖춘 대학은 많지 않은데, 현재 가톨릭대학교의 인성교육은 인간학연구소와 학부대학이 긴밀하게 연계하여 이루어지고 있다는 점에서 큰 동력을 지니고 있다.

물론 인간학연구소의 모든 사업이 인성교육에만 집중된 것은 아니며, 현재 학부대학에서 〈인간학〉 교과목을 책임지고 있는 교수자들이 모두 인간학연구소에서 제작된 수업 자료들을 활용하고 있는 것은 아니다. 2019년부터 시작된 '경계-모듈형 CUK 인성교육과정 개발연구' 사업은 아직 진행형이며, '경계-모듈형' 〈인간학〉 수업의 성과를 측정하기에는 아직 이르다. 하지만 연구소와 교육현장이 긴밀하게 연결될 수 있는 고리를 마련했고, 교수자 개인이 직접 제작할 엄두도 낼 수 없는 수준 높은 교육 콘텐츠가 연구재단의 지원을 받아 제작되고 있다. 이러한 상황이 공개적으로 가톨릭대학교의 인성교육 담당자 대부분과 공유되고 논의의 자리가 마련된다면, 분명히 발전적으로 시스템을 구축할 수 있을 것이다.

교과 프로그램과 더불어 비교과 프로그램에서도 인간학연구소의 지원이 이루어지고 있다. 기존에는 심포지엄 같은 학술적인 영역에서만 연구소의 인성교육 지원이 이루어졌다면, 현재 인간학연구소에서 인성교육 비교과 프로그램으로 '소소담담', '북 챌린지' 등을 기획하고 있다. 이 프로그램들을 각각 하위 프로그램으로 나누어 도서를 기반으로 하되 대화와 성찰, 공감과 공유를 목표로 학생이 주도하고 교수가 지원하는 형태로 구성되고 있다. 학부대학에서 진행하고 있는 '청춘의 서재: 내 인생의 한 권의 책'과 '체험 나눔 콘테스트'와 더불어 인간학연구소에서도 인성교육 비교과 프로그램을 제공함으로써 더욱 풍성하고 다채로운 인성교육 환경이 조성되고 있다.

참고문헌

가톨릭대학교 성심교정 ELP 고도화 연구위원회, 《ELP 고도화 연구위원회 연구보고서》, 2013. 2.

가톨릭대학교 인간학교육원 편저, 《사람과 사람》, 가톨릭대학교출판부, 2002.

가톨릭대학교 인간학 교재 발연구위원회, 《인간학 교재개발연구위원회 연구보고서》, 2015. 2.

가톨릭대학교 인간학연구소 엮음, 《인성교육, 방법을 묻다》, 북코리아, 2021.

가톨릭대학교 ELP학부대학, 《사제동행 프로젝트 최종보고서: 청년이 만드는 사회, 창의적 융합 기반의 지식 창출》, 2015.

가톨릭대학교 학부대학, 《사제동행 프로젝트 최종보고서: 시선의 경계, 그 너머》, 2016.

______, 《사제동행 프로젝트 최종보고서: '너' 그리고 '우리', '나'를 찾아가는 '대학'》, 2017.

______, 《사제동행 프로젝트 최종보고서: 시간의 자치, 공간의 흔적》, 2018.

이향만, 〈인성교육으로서의 종교교육〉, 《종교교육학연구》 52, 한국종교교육학회, 2016, 151-169.

성해영 · 박범석, 〈'인성교육진흥법' 제정의 종교교육적 의미: 종교와 인성교육의 관계를 중심으로〉, 《종교교육학연구》 49, 한국종교교육학회, 2015, 1-22.

최승룡, 〈축사〉, 《인간연구》 1, 가톨릭대학교 인간학연구소, 2000. 2.

최혜영, 〈'공의회 과정' 26, 그리스도인 교육 선언〉, 《평화신문》, 2008. 1. 10.

4장
대학 인성교육에서 지역사회 평생교육으로의 확장

—

노선희

서론

인성교육은 용기, 정의, 지혜 같은 다양한 덕목의 가르침을 통해 개인이 사회와 상호작용하는 것을 배우는 과정으로 정의할 수 있다. 다시 말해 인성교육은 개인의 내면을 다듬고 타인, 공동체, 자연과 공존할 수 있는 인간다움을 목적으로 하는 종합교육을 말한다.[1] 이러한 시각의 인성교육은 구조적으로 서구사회에서 먼저 체계화되었다. 종교교육과 도덕교육이 결합된 인성교육이 18세기 미국에서 처음 시작되었기 때문이다. 이처럼 미국에서 학교교육으로서 인성교육이 체계화된 이후 공교육

1) 〈인성교육진흥법〉 제2조 1항

으로 제도화된 미국의 인성교육은 많은 나라에 영향을 미쳤다. 학교 교과목으로서 역사가 깊은 인성교육은 교육성과가 가시적이지 않다는 점에서 실패한 교육이라는 평가도 존재한다. 그러나 인성교육은 20세기 중·후반부터 교육 분야에서 새로운 화두로 등장했다. 특히 서구사회에서 발생하는 청(소)년 세대의 일탈 문제는 교육계 종사자들로 하여금 인성교육을 재조명하는 계기가 되었다.[2] 오늘날 서구사회에서의 인성교육은 고등교육의 영역까지 포함하는 추세다. 시민의식 함양을 위한 인성교육이라는 맥락에서 대학과정뿐 아니라 대학을 졸업한 이후에도 인문학을 바탕으로 한 인성교육은 강화되어야 한다는 것이다.[3] 시민의식 강화를 위한 인성교육의 개념과 경계에 대해 학자마다 그 견해는 다르다. 분명한 것은 서구사회에서 고등교육 분야의 인성교육이 다시 소환되고 있다는 것이다. 이는 무엇보다 영국과 호주 같은 서구사회 내 이민자의 증가로 인한 여러 층위의 사회문제 발생과 함께 중앙정부에 의한 사회통합이라는 맥락에서 고등교육 내 인성교육에 대한 관심이 증가하고 있다고 풀이할 수 있다.

국내에서는 1995년을 기점으로 인성교육에 대한 관심이 증가했다. 이는 1994년 출범한 문민정부의 '교육개혁위원회' 설치를 기반으로 1995년 정부에서 〈5.31 교육개혁방안〉을 발표하면서 인성교육에 대한 주목도가 달라졌기 때문이다. 이후 2015년 〈인성교육진흥법〉이 제정되었고, 2016년과 2021년 제1차와 제2차 〈인성교육 종합계획〉이 발표되었다. 우리 사회의 경우 국가정책을 기반으로 한 인성교육이 교육체계

2) 노선희, 〈지식사회학의 시각으로 보는 인성교육 및 시사점〉, 《인문사회 21》 12(6), 2021.

3) Colby, A., "Fostering the Moral and Civic Development of Collage Students," *Handbook of Moral and Character Education*, Routledge. 2014.

내에서 구조화된 상태로 진행되고 있다. 이러한 정책적 기조는 초중등 교과과정에 반영되어 국내 인성교육의 방향을 이끌고 있다. 그러나 21세기인 오늘날 청(소)년 세대와 관련된 여러 사회문제는 초중등 교과과정뿐만 아니라 고등교육에서의 인성교육을 새롭게 고찰하는 계기가 되고 있다.

고등교육 내 인성교육은 대학이라는 기관을 통해 이루어지는 게 대다수다. 대학진학률이 높은 우리 사회처럼 고등교육기관 중 대학은 인성교육 문제에서 그 중심이 될 수밖에 없다. 그렇다면 오늘날 대학 내 인성교육은 과연 어떻게 이루어지고 있으며, 향후 어떠한 방향으로 나아가야 할까? 이러한 질문을 바탕으로 본 연구에서는 고등교육기관에서의 인성교육을 진단하고 미래교육으로서 인성교육의 가능성을 논의해보고자 한다. 우선 국내 고등교육에서 인성교육이 현재 어떠한 방향으로 나아가고 있는지를 살펴볼 것이다. 이를 바탕으로 고등교육기관에서 인성교육이 어느 지점에 위치하고 있는지를 분석하고자 한다. 이를 위해 가톨릭대학교의 인성교육 특히 모듈식 인성교육 사례를 중심으로 이를 분석할 것이다. 다음으로는 고등교육의 미래에 대해 논의하고자 한다. 교육부 주관으로 2021년 각각 발표된 '국민과 함께하는 미래형 교육과정 추진계획(안)[이하 〈미래교육과정 개정안〉]'과 '디지털 신기술 인재양성 혁신공유대학(이하 〈공유대학사업〉)'의 내용분석을 토대로 모듈식 인성교육이 어떠한 방향으로 나아가야 할지를 논의할 것이다. 그리고 마지막으로 대학 인성교육의 지역연계 평생교육으로서의 적용 가능성을 검토해보고자 한다.

고등교육으로서의 인성교육

교양교육에서 인성교육 연구

고등교육에서의 인성교육은 대학이라는 고등교육기관을 매개로 논의 가능하다. 고등교육 내 인성교육의 사례연구는 다양한 편이다. 선행연구를 정리해보면, 대학교, 종교, 비교과, 단과대, 전공이라는 다섯 가지 키워드로 그 연구를 수렴할 수 있다.

첫 번째로, 대학교 내 인성교육은 주로 여자대학교를 중심으로 이루어졌다.[4] 두 번째로, 종교라는 키워드로 제한할 수 있는데, 고등교육기관 내 종교 관련 인성교육 사례연구들은 종파별로 나누어진다. 그중 주목할 만한 것으로는 기독교대학 내 교양과목을 통한 인성교육의 활용 사례와 불교 기반 인성교육 교육과정에 대한 논의가 존재한다.[5] 세 번째로, 비교과와 인성교육이 융합된 연구들은 그 경계가 자유롭고 다양한 것이 특색이다. 특히 인성교육과 관련된 비교과 연구들은 교양교육으로서 글쓰기와 융합하거나 영화 같은 영상자료나 고전 같은 텍스트에

4) 가장 대표적으로 이배용, 〈대학교양교육과 이화여자대학교의 비전〉, 《교양교육연구》 3(1), 2009; 주영애 · 박홍석 · 김선주, 〈인성교육 프로그램이 여대생의 사회적 상호작용 불안 및 주관적 안녕감에 미치는 영향〉, 《도덕윤리과교육》 61, 2018; 김은주, 〈대학생의 인성교육을 위한 교양교육과정 개발: E대학을 중심으로〉, 《예술인문사회융합멀티미디어논문지》 9(5), 2019 참조.

5) 기독교의 경우 이은성, 〈교양과목을 통한 기독교대학 인성교육의 전략적 운영 방안 탐색〉, 《기독교교육논총》 51, 2017; 불교의 경우 조기룡, 〈불교종립대학의 불교기반 인성교육 교과과정 개선방향〉, 《불교학보》 88, 2019 참조.

중점을 둔 인성교육 논의들이 있다.[6] 네 번째로, 단과별 인성교육연구는 학문의 종류에 따라 구분되는 경향이 있다. 분야를 나누어보면 인문대학, 교육대학, 미술대학, 음악대학, 체육대학, 간호대학 그리고 전문대학으로 구분할 수 있다. 그중 교육대학 내 학습자들을 대상으로 한 인성교육 연구는 교원양성이라는 목적 아래 미래 교원을 대상으로 한 인성교육의 강화방안을 논의하고 있다.[7] 그리고 마지막으로 전공에 따른 인성교육연구는 학과에 따라 상이하다. 예컨대 유아교육과, 특수교육과, 수학교육과, 역사학과, 한문학과, 애니메이션학과, 비서과 등에서 전공의 특성에 맞는 인성교육이 개별적 방식으로 논의되고 있다.[8] 그러나 최근 연구경향을 분석해보면, 미래교육과 결합하여 인성교육을 비교과 프로그램으로 개발한 사례연구들이 발표되는 경향이 있다. 대표적인 사례로

---

6) 글쓰기를 활용한 인성교육은 김용하 · 신윤주, 〈대학생의 인성교육을 위한 온 · 오프라인 글쓰기 수업 모델과 설계: 동의대학교 기본 교양 〈글쓰기와 표현〉 강좌를 중심으로〉, 《인성교육연구》 1(1), 2016; 영화를 활용한 인성교육은 김덕만, 〈영화를 통한 인성교육수업연구: 대학교양수업 중심으로〉, 《디지털융복합연구》 13(2), 2015; 고전을 활용한 인성교육의 사례는 이현지, 〈제4차 산업혁명과 논어를 활용한 대학 인성교육 프로그램 개발〉, 《한국학논집》 77, 2019 참조.

7) 교대의 사례는 김용익, 〈교육대학교 창의 · 인성교육의 당면 과제와 발전적 대안〉, 《한국실과교육학회지》 27(3), 2014; 사범대의 경우는 오현아 · 박주현 · 안세현, 〈사범대 특화 교양 '미래 학교와 인성교육' 강좌 내 국어교육 영역 인성교육 실행 양상 분석: 언어 민감도 차이에 따른 언어 표지 의미 해석 양상 분석을 중심으로〉, 《학습자중심교과교육연구》 19(11), 2019 참조.

8) 유아교육과의 경우 이연규 · 조인경 · 유칠선, 〈예비유아교사 인성교육을 위한 인성 덕목과 교과목 연계〉, 《영유아교육: 이론과 실천》 5(1), 2020; 특수교육학과 사례는 조태곤, 〈특수교육에서의 인성교육 연구동향 분석 및 시사점〉, 《인성교육연구》 6(1), 2021; 수학교육과는 김재숙, 〈수학과 인성교육의 국내 연구 동향〉, 《教員教育》 36(3), 2020; 역사학과의 대표적 사례는 오정현 · 이승실, 〈역사과 창의 · 인성교육 사례 연구〉, 《교과교육학연구》 17(4), 2013; 한문학과의 경우는 정재철, 〈한문교육과 창의, 인성교육: 이론적 기반의 모색〉, 《한문교육연구》 40, 2013; 애니메이션학과는 김성원 · 윤정진, 〈대학생의 인성교육 프로그램 개발: 애니메이션을 중심으로〉, 《예술인문사회융합멀티미디어논문지》 7(8), 2017; 비서과는 정미숙, 〈비서과 학생의 인성교육에 관한 기초 연구〉, 《비서 · 사무경영연구》 22(1), 2013 참조.

는 원격수업을 통한 서양고전을 활용한 인성교육[9]과 문학과 영화를 활용한 인성교육[10] 등이 있다. 이는 팬데믹으로 인한 국내 교수법이 온라인으로 전면 전환되는 사회문화적 변화가 그 요인으로 작용한 것으로 풀이할 수 있다.[11]

그러나 고등교육기관 내 인성교육의 선행연구에서 더 논의할 지점은 대학기관을 중심으로 한 인성교육과정에 대한 연구가 턱없이 부족하다는 점이다. 다시 말해 인성교육의 구체적 내용을 토대로 고등교육기관을 중심으로 분석한 연구는 드물다. 이러한 고등교육 내 인성교육의 연구 부재 현상은 무엇보다 고등교육 내 인성교육에 대한 전반적인 인식 부족이 그 원인이 되었을 것으로 생각한다. 이는 사실 국가 중심의 인성교육의 구조적 문제와 직결된다. 예컨대, 국내 인성교육정책은 한국교육개발원 내 초중등교육 연구본부에서 총괄하고 있다. 교육부가 인성교육 정책을 위탁한 한국교육개발원에서 고등교육을 담당하는 부서는 현재 없는 실정이다. 이러한 측면에서 보면 고등교육 내 인성교육 논의의 부족은 결국 구조적 현상으로 해석할 수 있다.[12]

---

9) 이지연, 〈인성교육 교양 과목 원격 수업에서의 서양 고전 작품 활용〉, 《교육발전》 40(3), 2021.

10) 안영희, 〈팬데믹시대의 인성교육: 문학과 영화를 활용한 수업모델〉, 《학습자중심교과교육연구》 21(12), 2021.

11) 노선희 · 오혜림, 〈고등교육과정에 대한 지식사회학적 고찰: C-대학의 인성교육을 중심으로〉, 《문화와 융합》 44(2), 2022.

12) 노선희 · 오혜림, 위의 글, 391-392쪽.

고등교육 내 인성교육에 대한 비판

앞에서 살펴본 것처럼 국가 중심의 인성교육이 이루어지는 국내 인성교육 상황에서 대학 내 인성교육은 그 당위성에 대한 논란이 존재한다. 그뿐만 아니라 대학 인성교육이 교양교육으로 이루어짐에도 대학기관의 종교적 색채가 대학 인성교육에 영향을 준다는 측면에서 비판받는 지점이 있다. 그럼에도 대학 인성교육의 필요성은 여전히 제기된다.

먼저 인성교육의 당위성 논란에 대해서는 인성교육이 먼저 제도화된 서구의 사례를 통해 논의 가능하다. 예를 들어 학교교과과정으로서 인성교육이 미국에서 재등장하게 된 것은 청(소)년 세대가 일으키는 사회문제에서 비롯되었다.[13] 사실 이는 산업화를 거친 국가에서 공통적으로 발생하는 사회적 현상이기도 하다. 21세기 오늘날 비단 서구사회뿐 아니라 아시아 · 아프리카 지역 등에서 산업화를 경험하는 국가들은 청(소)년 세대의 일탈문제로 인해 이들을 위한 인성교육을 중앙정부 차원에서 보강하고 있는 실정이다. 이처럼 인성교육이 국가정책을 통해 강화되는 경향성은 아시아 국가들 특히 우리 사회에서도 발견된다.[14]

대학 인성교육의 실효성에 대한 의구심을 표하는 시각이 존재하는 것은 분명하다. 그러나 이를 역사적으로 분석해보면 인성교육의 실효성 논란은 대학이라는 기관이 아닌 초중고 교육기관에서부터 그 논란이 시작된 것으로 파악할 수 있다. 서구사회의 교육관계자들로부터 그 실

13) Lickona, Thomas. "The Return of Character Education," *Educational Leadership* 51(3), 1993, pp. 6-11.

14) 노선희, 앞의 글, 2021.

효성이 의문시되면서 대중으로부터 잊혀간 인성교육이 다시 소환된 것은 20세기 중후반부터였다. 산업사회를 겪은 서구 청(소)년 세대의 도덕적 · 윤리적 · 성적 타락으로부터 인식 개선이 절실했기 때문이다. 물론 역사적 변화를 이끌어낸 것은 정부의 강력한 지지였다. 대표적으로 미국 내 인성교육의 귀환을 이끌어낸 클린턴 행정부가 중앙정부 차원에서 인성교육을 지원한 이래로 후임 행정부에도 이러한 정책적 기조가 계속되었다. 지금도 미국 사회 내 인성교육의 실효성을 의문시하는 시각은 여전히 존재하지만 청(소)년 세대가 일으키는 여러 사회문제, 가령 총기 사고 문제를 무시할 수 없다는 점이 그 기저에 작동하고 있다.

그렇다면 총기 사고로부터 자유로운 우리 사회는 청(소)년 세대를 위한 인성교육이 불필요한 것일까? 우리 사회는 서구와 산업화의 시기만 다를 뿐 서구사회 청(소)년의 일탈 문제를 내포하고 있다는 점에서 서구와의 유사성이 존재한다. 대표적으로 강남역 살인사건, 데이트폭력, N번방 사건 등이 그러하다. 청(소)년 세대의 일탈 문제는 단지 우리 사회에만 국한된 것은 아니다. 경제적 성장을 이룬 일부 아시아 지역을 매개로 중앙정부 차원의 지지를 통해 초중고를 포함한 대학 인성교육이 지속적으로 강화되고 있음이 그 예다.[15] 이처럼 인성교육은 실효성 논란이 존재함에도 국가 정책적으로 지원되고 있다는 점에서 청(소)년 세대를 위한 인성교육으로서 대학 인성교육은 그 당위성이 존재한다고 평가할 수 있다.

다음으로 대학 인성교육에서의 종교성 문제다. 국내 대학들 중에는 종교 단체가 설립한 학교들이 적지 않다. 종교 기관을 매개로 설립된 대

15) 노선희, 앞의 글, 2021.

학의 경우 대학 인성교육에 종교적 색채를 띠고 있는 것이 사실이다. 그러나 이러한 종교적 색채를 넘어서고자 하는 노력도 시도되고 있다. 예를 들어 본고의 대학 인성교육 사례인 가톨릭대학교의 경우 인성교육은 두 가지로 구분되는데, 하나는 종교성을 포함한 가톨릭대학교의 자체 교재 중심의 인성교육과 종교성을 축소한 '경계-모듈형' 인성교육이다. 본고에서 대학 인성교육 사례로 지역연계 인성교육 모델로 제시하고자 하는 인성교육의 유형은 바로 후자에 해당한다.

대학 인성교육이 교양과목으로서 정례화되지 않았던 시기부터 가톨릭대학교는 인성교육을 교양필수과목으로 지정해 지난 25년간 시행해왔다. 가톨릭대학교의 인성교육은 고등교육의 수준에 맞게 인성교육을 고도화하고 학부 간 연결고리를 형성해 교수자와 학습자의 양방향 교육을 지향하며 학부의 성격에 따라 특성화된 인성교육 또한 시행한다. 이러한 취지에서 지난 2019년부터는 '경계-모듈형' 인성교육, 곧 모듈식 인성교육을 시도하고 있다. 이는 '경계'라는 키워드를 첨가하여 콘텐츠의 확장을 시도하고 '모듈'이라는 형식을 차용하여 교수자와 학습자 모두가 선택 가능한 인성교육을 지향한다. 이처럼 고등교육에서의 축적된 인성교육의 경험을 바탕으로 한 모듈식 인성교육의 사례는 적어도 형식과 내용 면에서 여타 대학 인성교육과는 차별화된 측면이 존재한다. 이는 다음 절에서 지난 2021년에 정부가 각각 발표한 〈미래교육과정 개정안〉과 〈공유대학사업〉의 보고서 분석을 토대로 대학 인성교육의 지역연계 평생교육으로의 가능성 논의를 통해 계속하고자 한다.

고등교육에서 지역연계와의 가능성 논의

<미래교육과정 개정안>과 <공유대학사업>

'4차 산업혁명 시대'라고 명명된 오늘날 디지털 교육방식이 활성화되면서 교육 패러다임도 그에 발맞추어 변화하고 있다. 특히 지난 2021년 4월 교육부가 발표한 〈미래교육과정 개정안〉[16]을 살펴보면 '미래교육과정'은 "모두를 아우르는 포용 교육 구현과 미래 역량을 갖춘 자기주도적 혁신 인재양성"을 비전으로 확정했다.[17]

미래교육과정 보고서에서는 "인공지능 시대의 디지털 전환과 학령인구 감소로 인한 인재의 질적 · 양적 부족에 대응"[18]하기 위해 미래교육과정의 변화가 필요하다고 명시했다. 이와 같은 미래교육과정에 대한 정책 변화는 국내외에서 발생하는 여러 상황이 고려되었다. 특히 이번에 발표된 미래교육과정은 〈OECD education 2030〉에서 주장한 학생 주도성 및 변혁적 역량을 목적으로 창의성 · 문제해결력, 협동 · 공감 · 갈등 관리, 책임감 · 시민성이라는 역량강화를 염두에 두고 기획되었기 때문이다.[19] 이러한 기획의도는 미래교육의 추진방향에서 다시 제시하고 있다.

〈그림 1〉에서 확인할 수 있듯이 미래교육과정은 아래와 같이 개별

16) 교육부, 〈국민과 함께하는 미래형 교육과정 추진 계획〉, 2021. 4. 미래교육과정에 대한 개정안으로, 미래 역량을 갖춘 자기주도적 인재 양성을 골자로 하는 내용을 담고 있다.

17) 교육부, 위의 글, 10쪽.

18) 교육부, 위의 글, 1쪽.

19) 교육부, 위의 글, 2쪽.

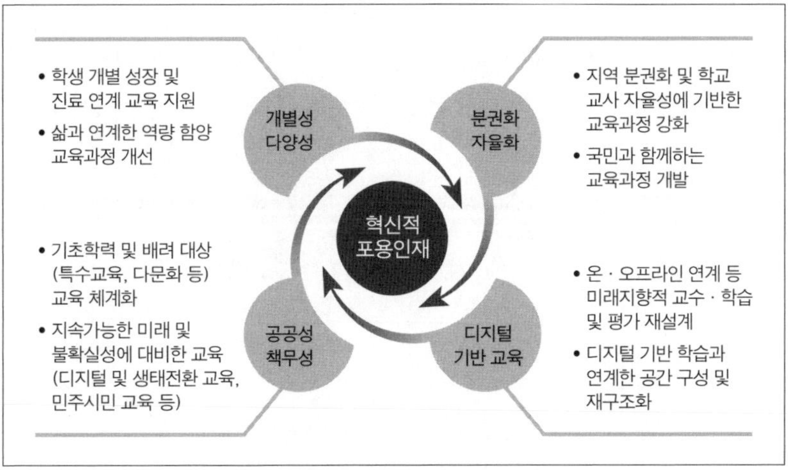

〈그림 1〉 미래교육과정 추진 방향[20)]

성 · 다양성, 분권화 · 자율화, 공공성 · 책무성, 디지털 기반 교육으로 구성된다.[21)] 학습자의 개별적 성장과 다양한 진로방향을 제시하는 개별성 · 다양성은 학습자의 삶과 연계된 역량함양을 목적으로 교육과정의 개선을 그 목표로 하고 있다. 분권화 · 자율화는 지역사회에 따른 지방분권과 함께 교수자에게 자율성을 부여하는 교육과정의 강화를 목표로 설정했다. 공공성 · 책무성은 지속가능한 미래 및 불확실성에 대비한 교육의 강화와 함께 교육의 체계화를 표방하고 있다. 마지막으로 디지털 기반 교육은 온 · 오프라인 연계의 미래지향적 교수 방법론을 그 방향성으로 설정했다. 이와 같은 미래교육과정은 결국 미래역량을 갖춘 자기주도적 인재양성을 모색하기 위해 교육과정에 대한 변화를 시도하고 있다고 평가할 수 있다. 이와 같은 목표 아래 교육부에서는 미래사회에 부합하

20) 교육부, 위의 글, 10쪽.

21) 교육부, 위의 글, 10쪽.

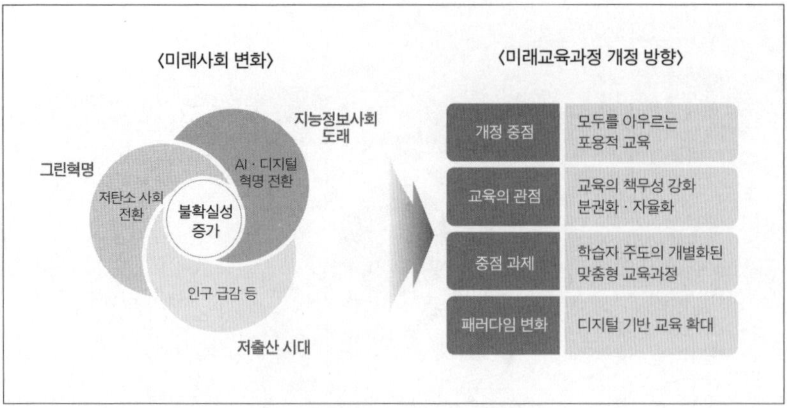

〈그림 2〉 미래교육과정의 개정 방향[22]

는 〈미래교육과정 개정안〉을 제시했다.

〈그림 2〉는 미래사회의 변화가 크게 사회, 환경, 기술이라는 차원에서 발생하고 있다는 현 교육부의 인식을 여실히 보여준다. 즉, 교육부에서 바라보는 우리 사회의 미래는 사회적 차원에서는 저출산으로 인한 인구 급감 등, 환경 차원에서는 그린혁명, 기술 차원에서는 지능정보사회 도래라는 변혁에 직면한 상태임을 보여준다. 이에 따라 교육부는 미래 교육에서 포용적 교육을 표방하며, 교육의 책무성 · 분권화 · 자율화 강화를 지지하고, 교육 방법에서 디지털 기반 교육으로의 확대를 통해 최종적으로 학습자 주도의 개별화된 맞춤형 교육과정을 목표로 제시하고 있다.

이와 같은 교육부 주관으로 이루어진 미래교육과정은 결국 초중등 교육과정을 중심으로 개편한 것으로, 이러한 계획안에는 고등교육과정

22) 교육부, 위의 글, 11쪽.

에 대한 논의는 없다. 그러나 미래교육과정이 학령인구 감소를 바탕으로 분석된 자료인 만큼 교육부의 〈미래교육과정 개정안〉은 고등교육에도 시사하는 바 있다. 현재 국내 대학들도 학령인구 감소라는 위기에 직면해 있기 때문이다. 이러한 고등교육의 위기에 필요한 것은 바로 대학의 경쟁력이다. 대학의 경쟁력 또한 미래교육의 방향에서 제시한 것처럼 공공성 · 책무성 그리고 디지털 기반 교육에서 그 실마리를 찾을 수 있다.

예를 들어 미래사회 고등교육의 위기와 그 해결책을 지적한 하먼(Harman) 박사에 따르면 고등교육은 크게 네 가지 변혁 단계를 예상할 수 있다. (1) 현재 대학의 사이버대학(satellite university)으로의 전환, (2) 이후 교과서를 사용하지 않는 대학(bookless university)으로의 변화, (3) 학습자 중심의 자기주도적 '학사 일정이 없는 대학(no calendar university)'으로의 변화, (4) 2025년 이후 지구촌의 모든 인류에게 개방되는 대학(all have access university)으로의 전환이다.[23)]

고등교육의 변화는 결국 디지털 기반 교육을 바탕으로 하여 대학의 공공성을 강조하는 것으로 해석할 수 있다. 이러한 변화는 결국 디지털 기반의 대학교육을 지역사회와 연계하는 방식으로 진행 가능하다. 코로나 시대 이후 디지털 기반 교육은 점점 확대되고 있으며, 무엇보다 대학의 공공성 · 책무성은 바로 지역사회에 대한 연계로 이어질 수 있기 때문이다. 사실 이러한 공공성 · 책무성은 공유대학을 통해서도 재현할 수 있다.

공유대학이란 대학 간 커리큘럼과 교육과정을 연계하고 교류하는 것이다. 이전 대학 내 흐름이 학문 간 유사성과 연계성을 바탕으로 학습

23) 류청산, 〈정보기술의 발달에 따른 고등교육의 미래 시나리오〉, 《정보사회와 미디어》 19, 2011.

자 개개인이 대학 내 연계 전공을 포함하여 복수전공, 부전공, 다전공, 융합전공 등 다양한 형태의 전공을 설계할 수 있는 방향이었다면, 오늘날 공유대학은 대학 간 플랫폼을 통해 수강과목, 학습 공간, 창업 시스템 등을 공유하여 블록체인 캠퍼스를 공동 운영하며 공동학위를 취득할 수 있도록 공유교육시스템을 구축하고 있다.[24] 그중 가장 대표적인 공유대학은 한국연구재단이 진행하는 〈공유대학사업〉이다. 지난 2021년부터 한국연구재단은 8개 분야 48개 대학을 통해 〈디지털 신기술 인재양성 혁신공유대학사업〉을 벌이고 있다.[26]

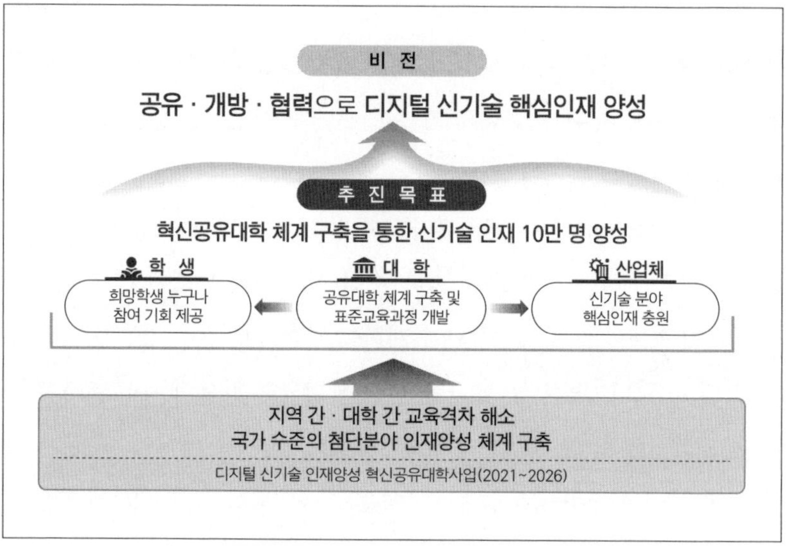

〈그림 3〉 디지털 신기술 인재양성 혁신공유대학사업[24]

---

24) 노영희 · 장로사 · 곽우정 · 노지윤 · 신영지, 〈공유대학 운영 활성화 방안에 대한 연구: K대학 힐링바이오공유대학을 중심으로〉, 《한국비교정부학보》 23(1), 2019.

25) 교육부, 위의 글, 4쪽.

26) 교육부, 〈디지털 신기술 인재양성 혁신공유대학 사업 기본계획〉, 2021. 2. 교육부는 한국판

〈그림 3〉에서 드러나듯이, 디지털 신기술 인재양성 혁신공유대학사업은 혁신공유대학 체계 구축을 통해 인재 10만 명 양성을 목표로 설정했다. 이를 좀 더 세부적으로 살펴보면, 전국의 일반대, 산업대, 전문대 등 4~7개 대학을 공유대학(혹은 컨소시엄)으로 구성하는 것이다. 주관 대학 1교와 전문대학 1교를 포함하는 방식으로 공유대학 컨소시엄을 구성하되, 수도권과 지방은 각각 40% 이상이 되도록 구성되어야 한다. 여기에서 분교는 본교와 구분되는 대학으로 인정받을 수 있다. 이러한 〈공유대학사업〉은 '디지털 신기술'이라고 명명된 만큼 인공지능이나 빅데이터 분야 등 첨단 분야 8개 영역으로 공유대학의 경계가 제한된다. 이는 한국연구재단의 〈공유대학사업〉이 이른바 '한국판 뉴딜정책'으로 명명되어 첨단 분야 인재를 집중 양성함이 그 목적으로 명시되었기 때문이다. 교육부에서 진행한 〈공유대학사업〉은 산업변혁 시기 신기술 분야의 교육 기회를 균등하게 제공하여 디지털 기반 혁신공유대학 모델 구축이 그 목적이다.[27] 다시 말해 첨단 분야의 신기술 형식을 차용한 국가 주도의 〈공유대학사업〉은 지역 · 대학 간 격차 해소가 궁극적인 목적이다. 결국 수도권과 지방의 경제적 불평등과 고등교육 내 불평등이라는 우리 사회의 고질적인 사회적 병폐가 중요한 쟁점인 것을 알 수 있다.

이러한 맥락에서 볼 때, 한국연구재단에서 추진하는 〈공유대학사업〉이라는 것은 중앙정부로부터 재원을 받아 불균등한 지역 · 대학 간 격차를 줄여나가며 그에 상응한 인재를 양성하는 것임을 유추할 수 있

뉴딜 종합계획의 일환으로 공유 · 개방 · 협력을 토대로 국가 수준의 핵심인재양성을 위한 대학 간 협력체계를 구축해 2026년까지 신기술 분야 인재 10만 명을 양성할 계획이라고 발표했다.

27) 교육부, 위의 글, 4쪽.

다. 학습자들에게는 참여 기회가 주어지고, 대학에는 표준교육과정 개발 기회를 제공하며, 산업체에는 인재 충원이라는 사회적 선순환이 그 목적이다. 이와 같은 공유대학 구축은 결국 대학 · 지역 간 교육 격차 해소에 도움이 될 것으로 예상할 수 있다. 공유대학은 비단 디지털 신기술에 국한하지 않고 구축할 수도 있다. 거점 국립대학 간 공유대학이 바로 그 방증이다. 또한 거점 국립대학만이 아니라 Y대학 같은 주요 사립대를 중심으로 9개 대학이 설립한 '공유협력대학'도 공유대학의 새로운 대안이 될 수 있다. 유사한 맥락에서 지역사회와 연계한 공유대학도 가능하다. 공유대학의 형식이 결국 공간과 시간의 물리적 한계 곧 고등교육에서 존재하는 접근성의 한계를 넘어서는 것으로 정의한다면, 고등교육 내 인성교육도 공유대학 형식으로서 그 외연을 확장할 수 있다. 다음 절에서는 인성교육의 공유대학 가능성에 대해 논의해보고자 한다.

대학 인성교육에서 지역연계 평생교육으로의 확산

오늘날 미래교육이라는 맥락에서 시행되고 있는 미래교육과정과 공유대학 논의 등은 전통적 교육방식을 지양하고 비전통적 교육방식을 지지하고 있다. 사실 전통적 교육방식이 사회적 계급을 더욱 강화시키고 불평등을 재생산하는 측면이 내재되어 있음을 생각해보면 이러한 변화는 반가운 일이다. 디지털 기반의 교육을 바탕으로 공유대학을 매개로 발생할 비전통적 교육방식에 기대가 커지는 것도 사실이다. 그러나 기존의 방식과 완전히 다른 교육은 실상 공동체 내의 협력 없이 그 목적이 실현되기에는 어려움이 있다. 대학 · 지역 간 교육적 불균형을 줄여나가기 위해서는 교육 분야에서 새로운 실천방안이 반드시 선행되어야 한다. 고등교육에서의 불평등은 교육수준 · 세대 · 성별을 넘어선 더욱 인본주의적 접근이 필요하다. 여기에서는 그와 같은 맥락에서 고등교육 분야에서 모듈식 인성교육의 지역연계 모델을 제시해보고자 한다.

먼저 모듈식 인성교육을 소개해보면, 인본주의를 표방하는 가톨릭대학교의 '경계-모듈형' 인성교육을 제시할 수 있다. 2019년부터 시행되고 있는 학습자 맞춤형 '경계-모듈형' 인성교육은 가톨릭대학교에서 자체 개발한《인간의 이해》교재를 바탕으로 하여 모듈식 인성교육으로 개발한 것이다. 가톨릭대학교의 인성교육은 〈인간학〉이라는 교과목으로 보편적 인간을 이해하는 인문교양 수업이다. 이를 구체적으로 논의해보면, 인성교육은 교양필수 과목으로서 '나를 알기', '관계 맺기', '더불어 살기', '희망하며 살기'라는 4개의 주제로 구성되었다. 모듈식 인성교육은 인성교육의 고도화를 목적으로 설계되었기 때문에 기존의 〈인간학〉 수업보다는 더 다양한 수업방식을 제공한다. 가령 매 학기 학습자들은 가족, 친구, 동료 등 주변 관계 속에서 일어나는 가치갈등의 문제에 대해 인간학 수업을 통해 논의하게 된다. 모듈식 인성교육의 핵심은 바로 '경계'라는 키워드다. 여기서 '경계'란 학습자를 둘러싼 사회를 조망할 수 있는 태도를 갖는 것을 의미한다. 즉 사유의 경계인 '구분 짓기', '넘어가기', '넘나들기'는 대립되는 개념들을 그 범주에 따라 제시한 것이다. 예를 들어, '선택/포기,' '혐오/관용' 같은 대립되는 언어로 그 경계를 설정하여 종국적으로 인간다움을 찾아가는 과정이다.

모듈식 인성교육에서 '모듈'은 체계적으로 조직된 개별 학습자 맞춤형 프로그램 단위다. 모듈을 통해 통합된 인성교육 주제에 대한 지식과 실천적 활동을 수행하는 데 필요한 정보와 함께 학습자 스스로 평가할 수 있는 통합형 단위학습을 제공한다. 가톨릭대학교는 모듈식 인성교육을 구현하는 방법으로 앞서 소개한 경계 기반 보편적 인성교육 이론을 구축하고, 이를 연계한 비교과 프로그램을 통해 학습자의 인성교육 경험을 확대했다. 학습자의 선택 다양성과 자율성 제고를 위해 교육 콘텐츠인 모듈북과 온라인 공개수업(Massive Open Online Course, 이하 MOOC) 강의를 제작한 것이다. 이를 세부적으로 살펴보면, 모듈식 인성교육은 온라인 강의 콘텐츠를 확장하여 플립러닝 및 비교과 활동과 연계하여 활용할 수 있는 수업방식을 추구하고 있다. 모듈식 인성교육은 교수자의 강의 중심 수업에서 벗어나 학습자들이 MOOC 같은 교육영상 및 모듈북 같은 교육 프로그램을 스스로 선택하게 하는 것이다.[28]

이는 기존의 교수자 중심의 전통적 교육방식이 아닌 학습자 중심의 수업설계라는 비전통적 방식이나 학습자가 자기주도적 수업을 함양하는 데 더욱 효과적인 것이 특징이다. 위에서 논의한 〈미래교육과정 개정안〉에서 주장한 학습자 주도의 개별화된 맞춤형 교육은 비단 초중등 과정에서만 적용 가능한 것은 아니다. 오히려 고등교육에서 자기주도적 맞춤형 교육이 더 필요하기 때문이다. 자기주도적 맞춤형 교육은 모듈식 수업과 기능적으로 유사한 맥락이 존재한다. 또한 모듈식 수업은 타 기관과 연계할 수 있는 가능성이 열려 있다는 장점이 있다. 대학이라는 고등교육기관에서 설계된 인성교육이기 때문에 지역사회로의 확산도 가능하다. 이는 모듈식 교육이 갖는 교육학적 특성에서 그 가능성을 엿볼 수 있다. 흔히 모듈식 교육은 1950년대에 도입된 것으로, 하나의 통합된 주제를 학습자에게 일정한 지식으로 제공하는 형태를 말한다. 즉, 모듈

28) 노선희 · 오혜림, 앞의 글, 384-385쪽.

단위의 교육이란 "각각 독립적으로 설계된 모듈을 수업단위로 삼아서 전체 교육과정을 구성하는 교육 방식"으로 정의할 수 있다.[29] 이러한 모듈식 수업 방식은 개별성과 자율성이 특징이다. 다시 말하면 교수자 입장에서는 개별적 적용이 가능하고, 학습자 입장에서는 자율적 수용이 가능하다는 것이다. 이러한 맥락에서 볼 때, 모듈식 인성교육은 고등교육에서 교육적 효과가 더 높을 것으로 예상할 수 있다. 무엇보다 인성교육은 인간다움의 가치에 대한 논의이기 때문에 정형화된 형태보다는 선택이 가능한 개별적이고 자율적 수업이 더 효과가 있을 것으로 예측할 수 있다. 또한 고등교육은 대부분 성인 학습자들로 구성되기 때문에 이들에게 학습에 대한 자율성 부여는 인성교육에서의 흥미를 향상시키고 학습효과를 극대화할 수도 있다.[30]

모듈식 인성교육은 고등교육 분야에서 더 효과적인 측면이 존재한다. 유사한 맥락에서 모듈식 인성교육은 지역연계에 가장 적합한 방식이기도 하다. 위에서 언급한 미래교육과 공유대학 논의에서 드러나듯이, 우리 사회의 교육 환경에서 고등교육과 지역사회의 연계는 필수다. 특히 4차 산업혁명 시대 혹은 포스트 코로나 시대로 명명되는 오늘날 인성교육의 중요성은 더욱 강조되고 있는 게 현실이다. 이는 고등교육 분야도 마찬가지다. 따라서 지역사회의 성인 학습자를 대상으로 한 인성교육에서 모듈식 수업은 그 효과가 유의미할 것으로 예상할 수 있다.

특히 모듈식 인성교육을 지향하는 가톨릭대학교가 부천시에 위치하고 있다는 점에서 고등교육에서의 지역연계 가능성을 엿볼 수 있다. 부천시는 유네스코에서 제정한 문학창의도시 중 하나로 유네스코 창의

29) 가톨릭대학교 인간학연구소 엮음,《인성교육, 방법을 묻다》, 북코리아, 2021, 191쪽.

30) 가톨릭대학교 인간학연구소 엮음, 위의 책, 193쪽.

도시 네트워크에 소속되어 있다. 문학창의도시 네트워크는 2004년 창의성을 지속가능한 도시발전의 주요 전략요소로 삼는 도시 간 협력을 촉진하기 위해 설립된 것으로, 전 세계 246개 도시에서 문화와 창의성의 증진, 지속가능한 도시발전전략 수립 등 공통의 목표를 향해 협력하고 있다.[31)]

부천시가 갖는 지역적 특색은 글로컬 가능성을 넘어 지역사회 내 고등교육기관과의 협력을 강화시킬 수 있는 기반으로 작동할 수도 있다. 모듈식 인성교육의 다양한 모듈 가운데 부천시가 갖는 문학이라는 특성화된 분야는 또 다른 모듈로 적용 가능하기 때문이다.

〈그림 4〉는 모듈식 인성교육의 지역연계 사례로서 앞서 제시된 모

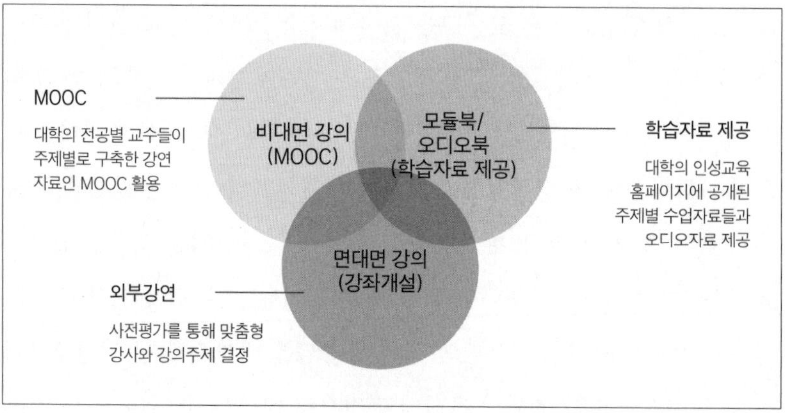

〈그림 4〉 고등교육의 지역연계 모델

31) 유네스코 창의도시 네트워크는 2004년 창의성을 지속가능한 도시발전의 주요 전략요소로 삼고 있는 도시 간 협력을 촉진하기 위해 설립되었다. 현재 246개 도시에서 문화와 창의성의 증진, 지속가능한 도시발전전략 수립 등 공통의 목표를 향해 협력하고 있다. 문학창의도시로서 부천시에 대한 더 많은 정보는 다음 주소에서 확인할 수 있다. 유네스코 문학창의도시 부천시: https://bcl.go.kr/site/homepage/menu/viewMenu?menuid=023003001

듈을 활용하여 구성한 것이다. 가톨릭대학교 인성교육에서 제시하는 모듈은 크게 세 가지다. MOOC 강의와 학습자료인 모듈북과 오디오북 그리고 면대면 강의로 모듈을 구성하고 있다. 그러나 앞서 언급한 것처럼 부천시라는 지역적 특색은 또 다른 모듈로 추가할 수 있다. 모듈의 숫자나 형태는 유동적이며 지역사회의 상황에 맞게 변동 가능하다. 이와 같은 지역연계 고등교육 사례는 지역사회와 고등교육기관의 협업을 통해 고등교육의 지역 확산을 실천하는 방안이자 평생교육의 도구로 활용할 수 있다. 아울러 모듈식 인성교육의 지역연계 모델은 인성교육의 내용적 측면과 고등교육의 형식적 맥락을 모두 보완한다는 점에서 기대 효과가 크다고 평가할 수 있다.

이상의 내용을 모두 정리해보면 국가정책에 따라 변화해온 인성교육은 향후 미래교육에 있어서 국가정책과의 연관성을 지닐 것으로 추정할 수 있다. 가령 1994년도 문민정부의 출범과 함께 기존의 반공교육 위주의 인성교육이 좀 더 실천적인 인성교육으로 변화한 것처럼 우리사회의 인성교육은 국가정책을 필두로 교육의 추진방향이 설계되고 교육내용도 정부의 지침에 따라 변경되어 시행되고 있다. 이는 결국 인성교육이 정부가 주도하는 교육정책에 따라 변화할 수밖에 없는 구조적 한계를 보여준다. 그러나 여기서 제안한 모듈식 인성교육으로서 지역연계 모델은 이러한 국가 주도형의 정책적 한계를 넘어서는 대안의 가능성을 보여준다. 물론 고등교육의 지역 확산이라는 실제적 적용에 있어 현실적인 어려움이 다수 존재한다. 대표적으로 예산 문제와 시행기관 내 세부적 논의들, 가령 고등교육기관과 시행기관 간 협력의 문제와 교수자와 학습자 간의 신뢰 문제 등이 그러하다. 그럼에도 지역연계 인성교육은 여전히 가능성 있는 대안이 될 수 있다. 무엇보다 국내 인성교육이 태

생적으로 갖는 구조적 한계를 뛰어넘을 수 있다는 점에서 그러하다. 이는 〈미래교육과정 개정안〉과 〈공유대학사업〉에서 교육부가 이미 제시한 것처럼 디지털 기반의 지방 분권적인 미래교육과 함께 지역 · 대학 간 불평등의 격차를 줄여나갈 수 있는 공유대학이라는 측면에서 본고에서 제시한 지역연계 인성교육은 교육수준 · 세대 · 성별 간 불평등을 해소할 수 있는 평생교육 실천방안이 될 수 있다.

결론 및 제언

인성교육은 개인과 사회의 상호작용을 배우는 것으로 개인, 공동체, 자연의 경계를 넘어서는 종합교육이라고 명명할 수 있다. 시기적으로 서구사회에서 먼저 체계화된 인성교육은 국내의 경우, 1990년대 중반 들어 새롭게 주목받게 되었다. 무엇보다 2016년과 2021년 발표된 〈인성교육 종합계획〉은 초중등과정에서의 인성교육 논의와 함께 고등교육에서 인성교육에 대한 관심 또한 증가시킨 측면이 있기 때문이다. 이와 같은 〈인성교육 종합계획〉처럼 〈미래교육과정 개정안〉도 그와 유사한 맥락을 보여준다. 가령 미래교육의 경우 초중등 교과과정을 대상으로 발표된 것으로, 미래역량을 갖춘 자기주도적 인재양성을 지향하고 있다. 특히 미래사회를 사회, 환경, 기술이라는 차원에서 분석하고 미래교육에서 포용적 교육을 표방하며, 교육의 책무성 · 분권화 · 자율화의 강화를 지지하고, 교육 방법에서 디지털 기반 교육으로의 확대를 통해 최종적으로 학습자 주도의 개별화된 맞춤형 교육과정을 목표로 제시했다.

이는 4차 산업혁명 시대라고 명명된 오늘날 디지털 교육방식이 대두되면서 교육 패러다임의 변화를 적용하고자 하는 국가적 노력으로 평가할 수 있다.

이러한 미래교육의 변화는 고등교육에서의 〈공유대학사업〉에서도 엿볼 수 있다. 가령 한국연구재단은 지난 2021년 〈공유대학사업〉을 발표했다. 즉, 디지털 신기술이라는 범주에서 인공지능이나 빅데이터 분야 등 첨단 분야 8개 영역으로 제한하여 인재 10만 명 양성을 목표로 공유대학사업을 시행했다. 이와 같은 〈공유대학사업〉은 결국 중앙정부로부터 재원을 받아 불균등한 지역 · 대학 간 격차를 줄여나가며 그에 상응한 인재 양성이 궁극적 목적임을 알 수 있다. 지방대와 전문대학을 연결하는 공유대학 구축은 대학 · 지역 간 교육 격차 해소에 도움이 될 것으로 예상할 수 있다. 유사한 맥락에서 지역사회와 연계한 공유대학도 가능하다. 공유대학이 고등교육에서 존재하는 접근성의 제한을 넘어서는 것이라면, 고등교육 내 인성교육도 공유대학의 형식을 차용하여 그 외연을 확장할 수 있다. 특히 대학의 존립 목적인 공공성 · 책무성의 맥락에서 대학이라는 고등교육기관을 매개로 고등교육은 지역사회와의 연계가 이루어질 수 있다. 무엇보다 공유대학의 정의가 대학 간 교육과정을 연계하고 교육시설을 공유하는 것이라는 점에서 지역연계 고등교육 또한 대학과 지역 소속 기관과의 교류를 통해 교육과정과 교육시설의 연계가 가능하다.

2019년부터 시행된 가톨릭대학교의 모듈식 인성교육은 모듈이라는 체계적으로 조직된 개별 학습자 맞춤형 프로그램으로서, 기존의 교수자 중심의 전통적 교육방식보다는 학습자 중심의 수업설계라는 비전통적이나 학습자가 자기주도성을 함양하는 데 효과가 있다. 인성교육이라는 범주 안에서 〈미래교육과정 개정안〉에서 주장한 학습자 주도의 개별화된 맞춤형 교육이 가능하다. 무엇보다 모듈식 인성교육은 고등교육 분야에서 더 효과적인 측면이 있다. 또한 〈공유대학사업〉안을 통해 확인할 수 있듯이 고등교육에서의 대학 · 지역 간 불균형 문제는 모듈이라는 교육방법으로 교육과정에서의 연계가 가능하다. 미래교육과정과 공유대학 논의에서 확인할 수 있듯이, 미래교육은 지역사회와의 연계가 필수이기 때문이다. 따라서 모듈식 인성교육은 지역연계라는 맥락에서도 주목할 수 있다. 고등교육에서의 지역연계 교육이라는 점에서 인성교육의 내용적 측면과 고등교육의 형식적 맥락을 모두 보완할 수 있다. 이는 평생교육의 개념과 유사한 것으로서 모듈을 차용한 대학 인성교육이 평생학습의 도구로 활용될 수 있음을 보여준다. 그러나 모듈식 인성교육의 실제적 적용에 있어서 여타 세부 논의사항은 여전히 존재한다. 그럼에도 지역연계 인성교육은 대학 인성교육으로서 평생교육의 확산이라는 측면에서 고등교육의 지역 확산의 가능성을 보여준다고 평가할 수 있다.

참고문헌

가톨릭대학교 인간학연구소 엮음, 《인성교육, 방법을 묻다》, 북코리아, 2021.

가톨릭대학교 학부대학 · 인간학연구소, 《인간의 이해 1》, 가톨릭대학교출판부, 2017.

______, 《인간의 이해 2》, 2017.

교육부, 디지털 신기술 인재양성 혁신공유대학 사업 기본계획, 2021. 2. 24. Retrieved from https://moe.go.kr/boardCnts/view.do?boardID=294&boardSeq=83654&lev=0&searchType=null&statusYN=W&page=1&s=moe&m=020402&opType=N (2022. 3. 14 방문).

______, 국민과 함께하는 미래형 교육과정 추진 계획, 2021. 4. 20. Retrieved from https://www.moe.go.kr/boardCnts/view.do?boardID=294&boardSeq=84176&lev=0&searchType=null&statusYN=W&page=1&s=moe&m=020402&opType=N (2022. 3. 14 방문).

김덕만, 〈영화를 통한 인성교육수업연구: 대학교양수업 중심으로〉, 《디지털융복합연구》 13(2), 2015, 309-314.

김상철, 〈한국의 인성교육정책에 대한 이데올로기적 비판: 역사적 전개과정을 중심으로〉, 《한국교육학연구》 24(4), 2018, 83-113.

김성원 · 윤정진, 〈대학생의 인성교육 프로그램 개발: 애니메이션을 중심으로〉, 《예술인문사회융합멀티미디어논문지》 7(8), 2017, 541-550.

김용익, 〈교육대학교 창의 · 인성교육의 당면 과제와 발전적 대안〉, 《한국실과교육학회지》 27(3), 2014, 1-19.

김용하 · 신윤주, 〈대학생의 인성교육을 위한 온 · 오프라인 글쓰기 수업 모델과 설계: 동의대학교 기본 교양 '글쓰기와 표현' 강좌를 중심으로〉, 《인성교육연구》 1(1), 2016, 1-26.

김운종, 〈교원양성과정에서 인성교육 강화의 필요성에 관한 고찰〉, 《한국교육학연구》 22(4), 2016, 5-22.

김은주, 〈대학생의 인성교육을 위한 교양교육과정 개발: E대학을 중심으로〉, 《예술인문사회융합멀티미디어논문지》 9(5), 2019, 247-258.

김재숙, 〈수학과 인성교육의 국내 연구 동향〉, 《教員教育》 36(3), 2020, 51-75.

노선희, 〈지식사회학의 시각으로 보는 인성교육 및 시사점〉, 《인문사회 21》 12(6), 2021, 1447-1460.

노선희 · 오혜림, 〈고등교육과정에 대한 지식사회학적 고찰: C대학의 인성교육을 중심으로〉, 《문화와 융합》 44(2), 2022, 379-392.

노영희 · 장로사 · 곽우정 · 노지윤 · 신영지, 〈공유대학 운영 활성화 방안에 대한 연구: K대학 힐링 바이오공유대학을 중심으로〉, 《한국비교정부학보》 23(1), 2019, 159-189.

류청산, 〈정보기술의 발달에 따른 고등교육의 미래 시나리오〉, 《정보사회와 미디어》 19, 2011, 31-70.

안영희, 〈팬데믹시대의 인성교육: 문학과 영화를 활용한 수업모델〉, 《학습자중심교과교육연구》 21(12), 2021, 579-594.

오정현 · 이승실, 〈역사과 창의 · 인성교육 사례 연구〉, 《교과교육학연구》 17(4), 2013, 37-67.

오현아 · 박주병 · 안세현, 〈사범대 특화 교양 '미래 학교와 인성교육' 강좌 내 국어교육 영역 인성교육 실행 양상 분석: 언어 민감도 차이에 따른 언어 표지 의미 해석 양상 분석을 중심으로〉, 《학습자중심교과교육연구》 19(11), 2019, 573-601.

유네스코 문학창의도시 부천(n.d.) https://bcl.go.kr/site/homepage/menu/viewMenu?menuid=023003001(2022.3.14.방문)

이배용, 〈대학교양교육과 이화여자대학교의 비전〉, 《교양교육연구》 3(1), 2009, 5-20.

이연규 · 조인경 · 유칠선, 〈예비유아교사 인성교육을 위한 인성 덕목과 교과목 연계〉, 《영유아교육: 이론과 실천》 5(1), 2020, 5-26.

이은성, 〈교양과목을 통한 기독교대학 인성교육의 전략적 운영 방안 탐색〉, 《기독교교육논총》 51, 2017, 101-124.

이지연, 〈인성교육 교양 과목 원격 수업에서의 서양 고전 작품 활용〉, 《교육발전》 40(3), 2021, 721-740.

이현지, 〈제4차 산업혁명과 논어를 활용한 대학 인성교육 프로그램 개발〉, 《한국학논집》 77, 2019, 243-271.

정미숙, 〈비서과 학생의 인성교육에 관한 기초 연구〉, 《비서 · 사무경영연구》 22(1), 2013, 5-24.

정재철, 〈한문교육과 창의, 인성교육: 이론적 기반의 모색〉, 《한문교육연구》 40, 2013, 9-39.

조기룡, 〈불교종립대학의 불교기반 인성교육 교과과정 개선방향〉, 《불교학보》 88, 2019, 317-339.

조태곤, 〈특수교육에서의 인성교육 연구동향 분석 및 시사점〉, 《인성교육연구》 6(1), 2021, 1-22.

주영애 · 박홍석 · 김선주, 〈인성교육 프로그램이 여대생의 사회적 상호작용 불안 및 주관적 안녕감에 미치는 영향〉, 《도덕윤리과교육》 61, 2018, 135-158.

최윤희, 〈영상매체와 쓰기활동을 통한 대학생 인성교육 방안〉, 《인문사회 21》 9(2), 2018, 1025-1034.

Colby, Anne. "Fostering the Moral and Civic Development of Collage Students," *Handbook of Moral and Character Education*, Routledge. 2014.

Lickona, Thomas. "The Return of Character Education," *Educational Leadership* 51(3), 1993, pp. 6-11.

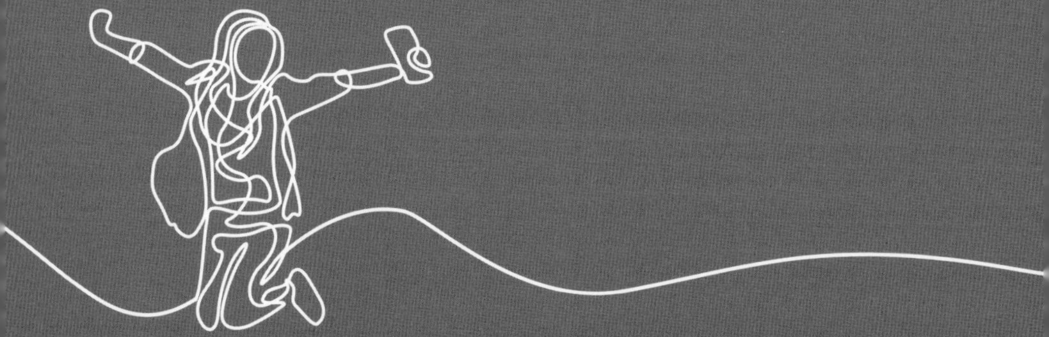

3부

'구분 짓기·넘어가기·넘나들기'로 바라본 미래 인성교육

5장

구분 짓기:
미래교육과 인성교육의 경계

교사 권능 평가 프레임워크의 교육 전문가 인성에 대한 함의

—

최재화

시작하며

최근 코로나19라는 전 지구적 도전에 직면한 인류는 이를 극복하기 위해 처절한 노력을 하고 있다. 눈에 보이지도 않을 정도로 작은 바이러스의 공포는 그동안 인간이 눈부시게 이루어온 거대한 문명들을 매우 초라하게 만들었고, 그 이면에 숨겨진 것들에 대한 함의를 생각하게 했다. 그리고 이전에도 그랬던 것처럼 인류는 생존을 위한 몸부림과 협력을 시작했고, 도전을 극복하기 위한 새로운 도구들을 고안하고, 그 속도를 높이기 시작했다.

'교사 혹은 교육자 권능 평가(Teacher Empowered Assessment, TEA)'는 교

육 전문가들이 주체적으로 전통적인 아날로그 지식 표상(Knowledge Representations)과 처리(Processings)를 효율적이고 효과적으로 디지털화 또는 기계화한 후 이를 디지털 교육에 활용하는 프레임워크다. 이 글에서는 TEA 프레임워크가 디지털 전환이라는 혁명적 변혁의 경계선에 서 있는 교육 전문가, 더 나아가 인간 지식에 근거한 문명을 다루는 인문학(예: 교육학, 심리학, 그리고 철학) 전문가들에게 어떠한 의미가 있는지 나누고자 한다.

먼저, 나는 이 TEA 프레임워크를 통해 자본집약적 기술기업들이 제공한 디지털 교육 서비스와 콘텐츠의 사용자 혹은 소비자로 전락하는 교육 전문가들이 어떻게 거대한 디지털 변혁의 주체가 될 수 있는지 설명하려 한다. 또한 이 프레임워크를 통해 어떻게 그들의 전문성을 개발 · 발전시키고, 전 인류가 당면한 교육적 · 사회적 도전을 극복하고 미래를 능동적으로 준비하며, 더 나아가 그들의 인성과 삶의 완성시키는 도구로 사용하는지에 대해 나누고자 한다.

구분 짓기와 경계선: 새로운 디지털 세계로의 전환

이 글의 주제는 '구분 짓기'다. 이 글에서 필자는 이러한 '구분 짓기'를 '디지털 전환과 교육 전문가의 인성교육 혹은 함양'이라는 맥락에서 나누고자 한다. '구분'은 상위 개념에서 하위 개념으로 나누어가는 것이며, 그 반대로 하위 개념에서 상위 개념으로 나누어가는 것을 '분류'라 한다. 구분과 분류는 인류가 지금까지 만들어왔고, 앞으로 만들어나갈 지식 체계의 핵심 역할을 한다. 인류 지식의 표상들은 구분과 분류를 근간으로 만들어지기 때문이다.

'구분 지음'은 '경계선(borderline)'을 만드는 것과 같다. '경계선'은 어떤 지식의 개념이나 개인의 삶, 사회 전체에서 애매모호함, 변덕스러움, 심한 기복, 혼란스러움 등을 의미한다. 개인의 경우 정서, 행동, 대인관계 등이 변덕스럽고 예측 불가능한 상태가 지속되는 상태를 '경계선 인격장애'라는 병증으로 분류한다. 사회의 경우, 이 경계선은 변화와 변혁의 시기를 의미한다. 이 시기는 위기와 기회가 공존한다. 선진 국가들과 사회는 이 시기를 통해 발전과 번영을 강화해왔고, 그렇지 못한 국가들과 사회는 이 시기를 통해 후진국으로 전락하거나 머물러야 했다. 이 경계선 시기는 개인, 국가에 위기와 기회가 공존하는 시간인 것이다.

'구분 지음'은 또한 구분의 대상이 필요하다. 다시 말해, "무엇을 구분 지을 것인가?"라는 질문에 대한 대답이 필요하다. 이 글에서 다룰 구분 짓기의 대상, 경계선으로 나눌 대상은 '세계' 혹은 '세상'이다. 그리고 우리는 최근 생겨난 디지털 세계를 이해하기 위해 '아날로그 세계 혹은 세상'이라는 개념과 대비하고, 인류의 역사와 함께한 아날로그 세계 중심에서 디지털 세계 중심으로의 변화를 도모하는 '디지털 전환', 그리고 이 전환의 경계선을 이해해야 한다.

세계를 이해하는 방법(이른바 세계관 혹은 철학)은 다양하다. 예를 들어, 우리는 세계를 정신계와 1차원(선), 2차원(평면), 그리고 3차원(입체)으로 이루어진 물질계로 나눌 수 있다. 어떤 세계관에서는 이 둘을 각기 다른 존재로 취급하고, 다른 세계관에서는 사람이 외적으로는 물질세계에 속하고 연결되어 있지만, 정신적 활동을 통해 정신세계와 연결되듯이 정신계와 물질계가 별개의 것이 아니라 동일 존재의 다른 면이라고 본다. 어떤 철학 혹은 세계관에서는 몸을 이루는 물질이 사라져도 몸에 깃든 정신계에 속한 영혼은 무한한 우주 공간 안에 남아 있다고 본다. 또한, 보이지 않고 들리지 않고 감지할 수도 없지만 실재하는 수학의 원리처럼 직관으로 인지하고 물질을 통해 나타나는 현상을 통해 간접적으로 경험하는 세상의 것들도 있다는 것을 우리는 이미 알고 있다.

최근 발달한 디지털 기술의 진보는 인류가 세상을 이해하는 관점을 근본적인 수준에서 변화시키는 '디지털 세상(The Digital World)'에 살게 했다. 어떤 디지털 플랫폼을 예로 들어보자. 물질계에 속한 혹은 물질적인 것(material things)과 달리 용량의 제한이 없는 디지털 플랫폼은 사람의 다양한 데이터, 정보, 심지어 자산들도 저장할 수 있다. 그리고 이러한 것들(de-materialized or digital things)을 시간과 공간의 제약 없이 빛의 속도로 인출하고, 전송할 수 있다. 이는 마치 정신계에 속한 것들을 양과 물질적 한계가 없는 것으로 이해한 것과 매우 흡사하다. 현생 인류는 지금 새로

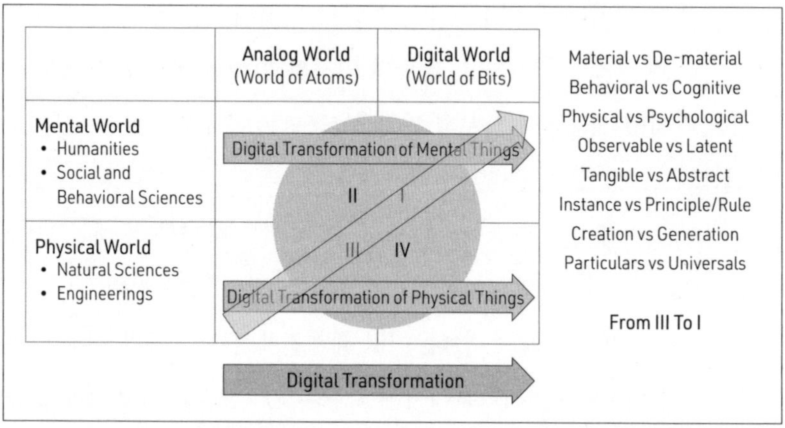

〈그림 1〉 세계와 디지털 전환[The Worlds and Digital Transformations (Choi, 2022)]

이 그림은 세계를 정신계(Mental World)와 물질계(Physical World)로 구분하는 전통적 세계관, 그리고 아날로그와 디지털 세계로 나누는 디지털 전환의 세계관을 어떻게 통합해서 이해하는지 표현한다. 또한 디지털 전환을 두 가지로 구분하면서 인간의 지식과 문명을 다루는 추상적인 것들(예를 들어 지식)을 다루는 정신계에서 디지털 세상으로의 전환을 위해 왜 인문학적 통찰이 필수인지 나타낸다.

운 디지털 세계를 받아들이는 전환의 경계선에 있다. 이 새로운 세상을 이해하고, 그곳에 적응하고, 그 속에서 우위를 점하기 위해 인류는 지금 무한 경쟁을 하고 있다.

지식공학: 지식의 디지털 전환

디지털 기술의 급격한 확산과 맞물린 인지과학의 발달은 '지식의 디지털 전환(Digital Transformation of Knowledge)'이라 일컬을 정도로 인류 지식

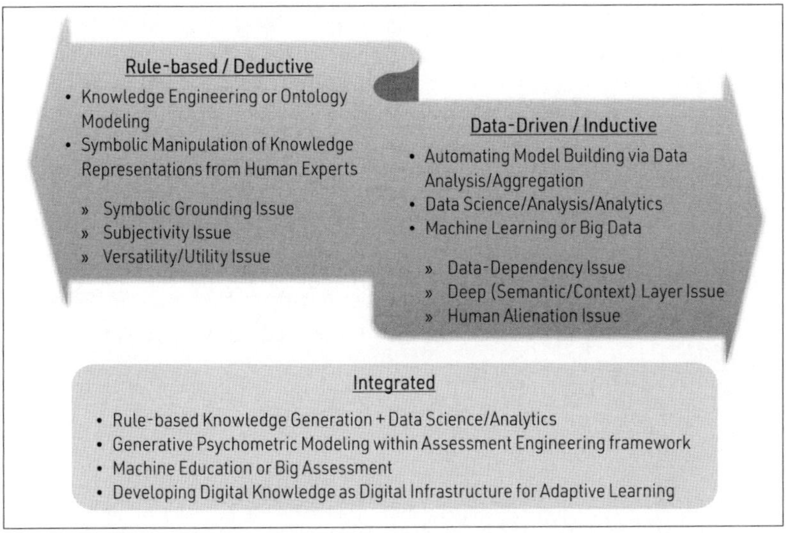

〈그림 2〉 지식 모델링 방법론[Knowledge Modeling Approaches (Choi, 2022)]

이 그림은 평가공학 기반 지식 모델링이 어떻게 전통적인 규칙 기반/연역적(Rule-based/Deductive) 프로그래밍과 데이터 기반/귀납적(Data-driven/Inductive) 프로그램 패러다임을 통합하는지를 나타낸다. 지식 모델링은 이 두 가지 전통적 방법을 융 · 통합하여 각각의 장점을 강화하고 단점을 보완한 형태로 진화하는 변증법적 사고를 바탕으로 한다.

의 본질에 변화를 야기하고 있다. 이 전환은 인간 생존과 번영의 전제조건인 '인간의 지식'을 아날로그 형태에서 디지털 콘텐츠와 서비스로 전환하고, 더 나아가 창의적인 아이디어, 표현, 주장, 공유, 학습을 아우르는 '디지털 자산'으로 전환하는 것을 의미한다. 이러한 노력을 '지식공학(Knowledge Engineering)'이라고 하며, 최근 코로나19라는 전 지구적인 도전은 이러한 지식공학을 기반으로 한 디지털 전환의 속도를 더욱 높이고 있다.

지식공학 연구개발의 핵심은 전통적인 아날로그 지식 표상(Knowledge Representations)과 처리(Processings)를 효율적이고 효과적으로 디지털화 또는 디지털 기계화하는 데 있다. 이러한 전환은 사람에 의해 아날로그 방식으로 제작된 지식의 표상을 2차적으로 디지털화하는 데 그치지 않고, 기계가 이러한 지식의 표상들을 '기계 생성(Machine Generation)'하도록 하는 수준을 목표로 하고 있다.

또한 지식공학은 디지털 시대 인간 지식에 근거한 문명을 다루는 인문학(예: 교육학, 심리학, 그리고 철학)과 지식전문가(예: 교육자)들을 디지털 변혁의 중심에 서게 한다. 그 이유는 이러한 전환에 아날로그 형태의 지식을 디지털 형태의 지식으로 변환하는 다양한 방법론(예: 지식 설계, 지식 습득, 지식 생성의 도구)을 계획하고 실천할 수 있는 인문학적 통찰력과 탐구적 창의성에 근거한 '전문성 함양' 혹은 '지식 관리' 같은 인문학적 통찰과 역량이 필요하기 때문이다.

이러한 이유로 인지과학 및 디지털 기술의 통합 형태인 지식공학은 인류의 지식 전승이라는 핵심적 과제를 수행해온 전통적인 교육 측정/평가(Educational Measurement and Assessment) 그리고 계량심리(Psychometrics)에도 상당한 영향을 미치고 있다. 그러한 노력 중 대표적인 예로 증거중심 설

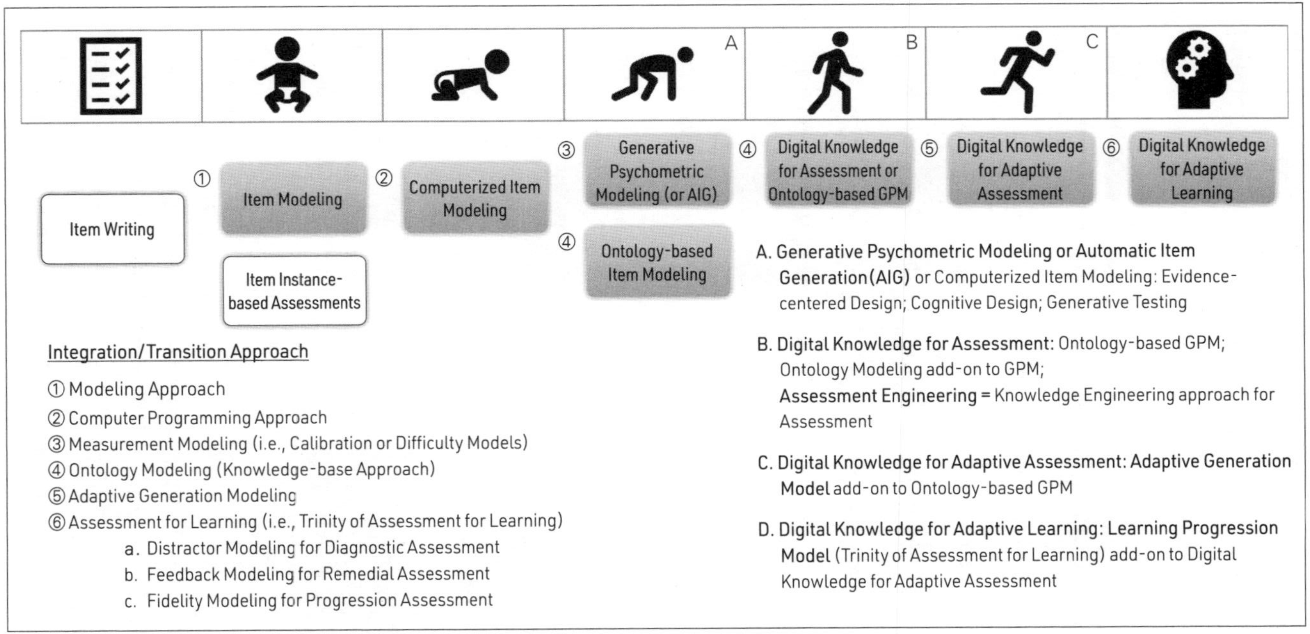

〈그림 3〉 평가의 진화도: CAFA 디지털 지식 기술 나무[Evolution of Assessment: CAFA Digital Knowledge Technology Tree (Choi, 2022)]

이 그림은 전문가들이 문장 같은 기호를 종이 같은 매체에 표현함으로써 그들의 지식을 전승하던 전통적인 아날로그 평가 방법/기술이 디지털 학습으로 진화해나가는 기술진보 과정을 평가공학적 관점에서 설명하고 표현한다. 종이를 주 매체로 하던 전통적 아날로그 평가 방법들이 새롭게 등장한 디지털 기술을 이용하여 디지털 평가로 진화해나가는 중간 단계를 평가 과학적 관점에서 세분화하고, 각 분기점의 요구와 특징을 정리하였다. 이 그림에 나타난 분기점들은 평가 지식을 기계생성이 가능하도록 모형화 · 체계화하며, 특히 '문항 모형(Item Model)'과 '온톨로지 모형(Ontology Model)'의 역할에 대한 이해를 돕고있다.

계(Evidence-centered Design; ECD), 인지 설계 시스템(Cognitive Design System), 평가공학(Assessment Engineering) 등이 있다. 이러한 패러다임은 계량심리학 이론과 적용 전반(예: 타당성, 일관성, 도메인 분석, 문항 개발, 문항 교정, 평가 동등화, 맞춤형 평가 알고리즘, 형성평가 혹은 학습을 위한 평가 전환 등)에 걸쳐 혁명적인 함의를 지니는, 이른바 '평가 지식의 디지털 전환'을 의미한다.

교육 측정과 평가에서 이러한 '평가의 디지털 전환'은 당연히 '교육의 디지털 전환'의 한 부분이며, 그 토대가 된다. 이러한 방법들은 그 배경이 각기 다르지만, 인지과학과 디지털 기술을 융합하여 평가를 발전시킨다는 공통점이 있다. 또한 이 글에서의 교육평가 개념은 최근 대두되는 '학습을 위한 평가(Assessment for Learning)' 혹은 '학습으로서의 평

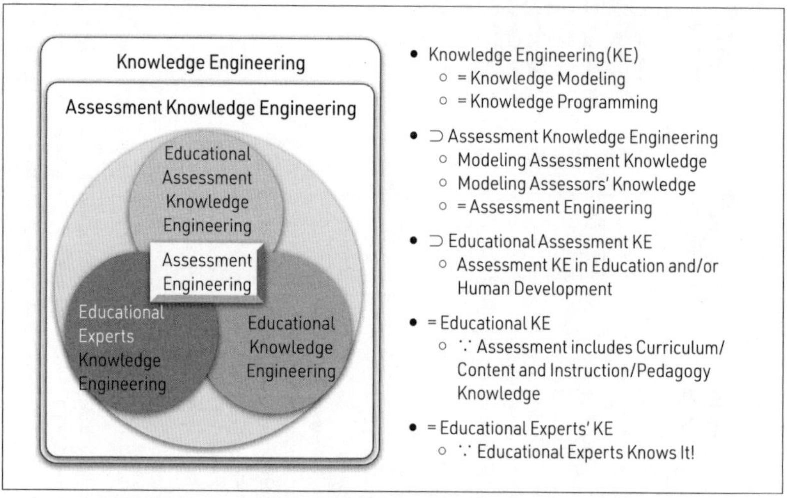

〈그림 4〉 평가공학: 교육 전문가의 지식공학으로서의 개념화[Assessment Engineering: Conceptualization as Educational Experts' Knowledge Engineering (Choi, 2022)]

이 그림은 지식공학, 평가지식공학, 그리고 교육 전문가의 지식공학들이 어떻게 구분되는지 그 관계를 설명 · 표현하고 있다. 여기서 평가지식공학(Assessment Knowledge Engineering)은 지식공학의 한 종류로 구분된다. 또한, 교육평가 지식공학과 교육전문가 지식공학, 그리고 교육지식공학을 아우르는 개념으로 '평가공학'을 개념화한다.

가(Assessment as Learning)'라는 사회적 · 시대적 요구를 담고 있음을 주지하기 바란다. 이러한 배경을 바탕으로 하여 이 글에서는 나는 교육 전문가들의 '평가 지식에 대한 공학(Educational Expert's Assessment Knowledge Engineering)'이라는 의미로 '평가공학(Assessment Engineering)'이라는 용어를 사용하고자 한다.

평가공학: 교육 전문가 지식의 디지털 전환

평가지식공학(Assessment Knowledge Engineering), 줄여서 평가공학(Assessment Engineering)은 평가에 필요한 전문가들의 지식에 대한 공학적 접근(특히 교육 전문가들의 교육측정 평가 혹은 계량심리학 지식에 대한 공학적 접근)이므로 지식공학의 특별한 경우다. 평가공학은 전통적 측정과 평가를 지식기반 디지털 콘텐츠 혹은 서비스의 생성 및 활용으로 확장한다. 이를 통해 교육학과 심리학을 넘어 인문사회과학의 전 영역으로, 더 나아가 전 인류 지식체계 전반을 디지털화하는 것으로, 디지털 전환의 핵심으로 나아가게 하려 한다.

평가공학은 아날로그 측정과 평가를 위해 축적된 지식 표상과 처리 노하우 능력(예: 평가 설계, 확률 통계 모형 프로그래밍)을 인지적 디지털 기술[클라우드 기반 평가 지식 온톨로지 혹은 전문가 지식 기반(Knowledge Base) 혹은 지식 네트워크]과 접목하여 방대한 디지털 지식 기반 콘텐츠와 서비스의 '기계 생성'을 위한 설계, 기획 그리고 제작 인프라 기술들에 대한 학문이다. 그리고 이러한 디지털 콘텐츠와 서비스를 통해 다시 생성되는 방대한 디지털 교육

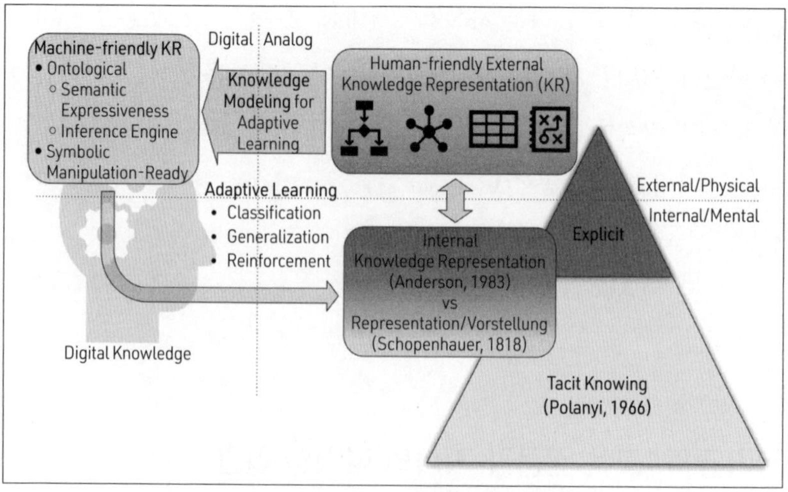

〈그림 5〉 디지털 지식을 통해 앎에서 학습으로
[From Knowing To Learning via Digital Knowledge (Choi, 2022)]

이 그림은 암묵적 앎이 어떻게 명시적 지식의 표상으로 전환되며, 아날로그 지식의 표상을 디지털 지식의 표상으로 전환하여 디지털 지식을 구축하는 지식모형화 과정을 설명한다. 또 이렇게 구축된 디지털 지식이 암묵적 앎을 명시적 지식으로의 전환을 더욱 촉진하는 '학습'에 어떻게 활용되는지 그 과정을 표현한다. 대부분 묵시적 · 암묵적인 것으로 구성되는 인간의 앎은 극히 일부만이 명시적으로 표상된다. 또한 이 지식의 표상은 내재적 지식의 표상과 외재적 지식의 표상으로 구분되는데, 그동안 인류는 이 외재적 지식의 표상을 아날로그 세상에서 다루어왔다. 새로운 디지털 세상과 기술을 고안하게 된 인류는 아날로그 지식의 표상을 디지털 표상으로 전환하여 디지털 세상에서 사용하고자 하고 있는데, 이 과정을 '지식의 디지털 전환'이라 한다. 평가공학(혹은 평가지식공학)은 '기계 생성 · 관리 · 운용'이 가능하도록 디지털 지식 표상들을 전환하는 것을 목표로 한다. 이를 위해서는 아날로그 지식의 표상들이 기호 연산 · 조작과 추론이 가능한 디지털 형태로 전환되어야 하고, 이렇게 완성된 지식의 체계를 '디지털 지식'이라 부른다. 그리고 인간은 다시 이 디지털 지식을 맞춤형 학습에 활용하여 인간의 학습 효과를 극대화하고자 한다.

빅데이터 분석(이른바 학습분석)을 다시 융 · 통합하여 인류의 '아날로그 지식'을 '디지털 지식'으로 전환하는 방법론과 서비스를 완성하고자 한다.

평가공학은 과도하게 넘쳐나는 디지털 데이터(Data)를 더욱 의미 있게 하여 좀 더 유용한 디지털 정보(Information)로 바꾸고, 다시 인간에게 유용한 가치를 창출하는 디지털 형태의 지식의 표상들(Knowledge Representations: 지식 기반 콘텐츠와 서비스, 특히 지식 전승을 위한 교육 콘텐츠와 서비스)을 생성하고 관리하는 '디지털 지식 자산'으로 진화하는 '지식의 디지털 전환'의 핵심 역할에 관련한 학문이다.

교육 특히 교육평가의 현재 패러다임은 기존 '시험 혹은 검사' 시스템에 사용된 아날로그 형태의 기술에 고착되어 있다. 그리고 대부분의 표준화 평가 형태가 야기한 문제점들에 대해 여전히 20세기 초반의 산업혁명 사고와 접근 방식을 사용하고 있다. 특히 교육 분야는 이러한 불일치 혹은 부적합에서 벗어나지 못하고 있고, 우리는 이 부적합으로 인한 다양한 실패를 경험하고 있다.

그리고 이러한 문제점들이 평가를 넘어 교육 전체, 심지어 사회 전반의 다양한 문제점으로 확대되고 있다. 더욱이 다른 부문에 비해 교육 분야의 디지털 전환은 느리고, 비효율적이며, 고립되어 있다. 평가공학은 이러한 교육과 관련한 다양하고 복잡한 문제점들과 그 원인들을 직시하고, 이를 인지과학과 디지털 기술의 결합으로 해결하려는 변증법적 고찰과 노력이다.

어떤 사회나 국가에서도 교육에 대한 여러 논란들이 있어왔지만, 특히 지금과 같이 전환의 시기에는 다양한 목소리와 비전이 충돌한다. 기술 및 빈부격차로 인한 교육격차, 저학력군의 고착화, 사교육의 팽창 등은 세계 각국이 맞이하는 도전이다. 특히 저출산과 이민 혹은 다문화 가정의 증가는 도전 과제의 난이도를 더욱더 증가시키고 있으며, 여기에 코로나19와 전쟁 같은 전 인류적인 도전이 가중되었다. 인류는 이렇게 어려운 문제가 복잡하게 얽힌 상황에서 디지털 전환(혹은 4차 산업혁명)이라는 변화의 물결을 넘고 있다.

우수한 인재들이 배출되어 다양한 현장에서 일하고, 사회발전이라는 성과를 내기 위해서는 교육이 결정적인 역할을 한다는 것을 우리는 이미 잘 알고 있다. 하지만 성과와 성장이 성공으로 이어지는 과거 공식이 새롭게 펼쳐지는 세상과 세계에 적용될지는 미지수이며, 오히려 그 폐해들만 커져가고 있다. 급격한 디지털 기술의 발전으로 인한 변화의 물결은 이미 걷잡을 수 없게 커졌다. 교육 분야에서 이러한 전환을 성공적으로 넘기 위한 교육 혁신의 첫 단계는 이러한 폐해를 극복하고 새로운 성공과 성장 공식을 만들기 위한 노력이다.

디지털의 기술적 발전이 복잡하게 얽혀있는 다양한 문제를 일거에 해소하고, 획일적인 교육과 사교육 위주의 입시교육에서 벗어날 수 있는 획기적인 기회라고 보는 견해가 있다. 심지어 교육 전문가들조차 인공지능과 빅데이터가 맞춤형 교육을 가능케 하고, 이러한 기술이 학생들에게 학습 동기를 부여하며, 학력 향상에 크게 기여할 것이라는 막연한 기대를 한다.

이에 교사들은 자신의 고유 업무가 인공지능과 로봇으로 대체되고, 인성교육이나 돌봄으로 바뀌는 것인지 궁금해한다. 과연 '가르침'을 업으로 하는 교사의 전문성에 대한 필요나 요구는 없어지고, 다양한 분야의 조력자, 촉진자, 보조자, 코치, 조력자들로 대체될 수 있을까? 교사를 교과 · 교육 지식과 기술의 주체가 아니라 사용자 · 운영자로 생각하는 견해는 인간의 번영을 위해 만든 도구와 자본에 의존하여 종속되는 '소외'의 전형적인 사례들이다. 또한, 위의 견해는 인간이 지식을 습득하는 과정에서 롤모델을 설정하고, 이들과 상호작용을 통해 깊은 지식을 내재화하며, 지식 습득에 멈추지 않고 더 나은 인간으로 발전해나가는 교육 본질에 대한 잘못된 해석이다.

교사 권능 평가: 넘어감의 주체로서의 교사

평가공학에 기반한 교사 권능 평가(Teacher Empowered Assessment: TEA) 패러다임 혹은 프레임워크는 역설적으로 변혁의 중심을 교사로 설정하고, 교사의 교육 전문성을 강조하며, 평가공학 기술은 이들이 스스로의 지식을 주체적으로 형성하고 소유하고 나누며 교육 전문가로 성장하게 한다. 그리고 그러한 전문성을 바탕으로 교실에서 진정한 가르침으로 실현하도록 돕는 역할을 한다.

TEA 패러다임은 교사들이 적정 기술의 적절한 사용을 통해 그동안 아날로그 세상에서의 한계를 극복하여 더욱 다양한 방법으로 학생들과 교류하고 그들의 성장을 돕도록 지원하는 것을 목표로 한다. TEA는 교사와 학생들을 아날로그 교실과 교과서의 과도한 업무, 단조로움, 지루함 같은 한계와 제약에서 해방시켜 더욱 다양하고 넓은 지식을 디지털 세상에서 배우고 교류하고 성장해나가도록 돕는 기술이다.

변화와 변혁을 위해 해결해야 할 과제들은 우선, 목표를 설정하고, 목표를 달성할 방법론을 정하며, 마지막으로 그런 방법을 실현할 주체를 찾는 것이다. TEA에서는 교사를 조력자로 전락시키는 게 아니라 더욱 더 뛰어난 지식으로 무장한 교육 전문가가 되게 하고, 그들이 더욱더 주체적으로 더 잘 가르칠 수 있도록 도와주는 것이며, 이를 위해서는 교사에게 적정 기술을 도입하고 장려하는 정책이 필요하다.

이와 같은 정책적 노력은 교육 전문가 중심의 정책으로의 전환을 의미하며, 교사가 잘 가르칠 수 있는 환경을 조성하는 것을 목표로 한다. 이를 통해 다양한 정책적 노력이 교실 깊은 곳까지 스며들게 하여 의도한 효과를 극대화하는 노력이다. 교육의 변화를 교사의 변화로 인식하고, 그들을 단순 지식 전달자에 불과한 기술자 혹은 기능인이 아니라 교실의 중심에서 교육을 창의적이며 실천적인 주체로 전환하는 것을 목표로 한다.

교원의 교육 전문성은 교사 교육기간이나 교원자격증 획득으로 완성되지 않는다. TEA 패러다임에서 교사는 지속적인 학습, 다양한 교류, 현장에서의 배움, 그리고 성찰 같은 활동을 통해 교실에서는 가르침의 주체, 교실 밖에서는 교육과정과 콘텐츠를 개발하는 리더로 끊임없이 성장해나가는 전문가로 인식된다. 또한 그들과 그들의 교육 전문성이 우리가 원하는 교육의 변화를 가져오는 핵심적 주체로 간주된다. TEA 패러다임은 교사를 교육과 가르침의 주체가 되게 하는 정책과 기술을 장려하고, 교사들이 지속적인 학습과 성찰로 스스로의 전문성을 자발적으로 발전시키도록 지원하여 모두가 원하는 교육에서 변화를 촉발하고자 하는 노력이다.

TEA: 교육 전문가 역량 강화의 길

대한민국 교육부(2021) 개정 교육과정 주요 사항(시안)에서는 '2022 개정 교육과정의 디지털 소양'을 다음과 같이 기술한다. "디지털 지식과 기술에 대한 이해와 윤리의식을 바탕으로, 정보를 수집/분석하고 이해/평가하여 새로운 정보와 지식을 생산/활용하는 능력." 디지털 변혁을 맞이한 지금, 이러한 교원의 디지털 역량에 대한 강조는 비단 한국만이 아니라 전 세계 모든 국가가 추구하는 가치임에도 이를 성공적으로 실현할 수 있는 전략 수립은 아직 요원하다.

TEA 프레임워크는 교원을 디지털 주체(Digital Agent)이자 '교육 변혁의 핵심 주체인 교육 전문가'로 삼는 인식 변화를 근간으로 한다. 이러한 프레임 속에서 교원은 주어진 교과과정과 교재를 활용하는 수동적인 지식 전달자가 아니라 자신의 전문지식을 어루만지고 전문성을 발휘하여 학습자의 학습을 촉진하는 디지털 콘텐츠와 서비스 생산의 주체가 된다. 교원들은 지식 생성과 활용 도구로서의 기술을 이해 및 활용하고, 이를 통해 온 · 오프라인 융합 학습을 지원한다. TEA 프레임워크는 교사가 동질적인 학생 집단에 톱다운(top-down) 방식으로 체계화된 학습내용을 '전달'하는 전통적 방식에서, 교사가 이질적인 학생들에게 적합한 교육 콘텐츠와 서비스를 '생성'해주는 방식으로의 전환을 추구한다.

TEA 프레임워크가 추구하는 교육 전문가들에 대한 목표는 다음과 같다.

- *자기주도적 교원의 역량 제고에 대한 요구 충족*
- *자기주도적 그리고 주체적 교원을 통해 자기주도적이고 주체적인 학습자 양성*
- *기술 기반 맞춤형 학습의 인프라 구축 주체를 교원으로 설정*
- *물리적 공간에 제약되지 않는 교원 전문가 지식 및 학습 생태계 구축*
- *교육 전문가의 지식 네트워크를 핵심 인프라로 하여 다양한 맞춤형 학습 생태계 구축*

디지털 전환 요구에 대응하여 TEA 프레임워크가 추구하는 교원들의 새로운 역할은 다음과 같다.

- 교육과정, 교과서, 교재 등과 같이 중앙집중적 그리고 외재적으로 만들어지고 이미 만들어진 지식에 대해 표상들을 활용하는 사용자에 멈추는 게 아니라 디지털 학습 콘텐츠와 서비스를 생산 · 생성하는 독창적인 주체로서의 역할
- 다양한 지식모형 간의 연결 관계를 설정하여 맞춤형 학습을 위한 학습 경로를 디자인하여 학습자의 학습 경험을 조직화하는 교수학습 과정의 설계자
- 다양한 학습 맥락과 상황에서 다양한 학습 증거를 포착 · 수집 · 활용할 수 있는 평가 프로토콜을 설계하고 이를 효율적으로 사용하는 역할
- 강화된 디지털 역량과 디지털 지식 도구를 바탕으로 하여 실시간으로 변화하는 학습자의 학습과정을 진단 · 처방하는 교수학습 과정의 중추적 역할

TEA 프레임워크를 통해 구축된 맞춤형 학습 생태계가 추구하는 학습자들에 대한 목표는 다음과 같다.

- 시공간에 구애받지 않는 학습에 대한 요구 충족
- 학습자 주체적, 참여형 학습에 대한 요구 충족
- 학습자의 특성과 자질을 고려한 맞춤형 학습에 대한 요구 충족

TEA 프레임워크에서는 디지털 전환을 성공적으로 이루기 위해 필

요한 교원의 디지털 역량을 다음과 같이 세분화한다.

- 교육의 디지털 전환 인식 역량
  - 디지털 전환에 따른 디지털 지식 생태계와 자기 전문성 개발로 디지털 전환에 지속적으로 대응하는 필요성을 인식하는 능력
  - 디지털 지식과 생태계에서 중추적 역할을 하는 교육 전문가의 고유한 역할을 인식하는 능력
  - 지식 기반과 데이터 기반 맞춤형 학습 시스템을 구분하고 장단점을 이해하는 역량
- 전문가 지식 디지털 생태계 협업 역량
  - 협업과 학습의 장을 디지털 영역으로 확장하기 위해 교육 전문가들의 협력적 지식 네트워크를 구축 · 조성 · 관리하는 능력
  - 맞춤형 학습 지식 생태계의 발전을 위해 온톨로지 및 지식모형과 이를 통해 생성된 학습 자원 및 활용 결과를 공유하는 능력
- 디지털 지식모형 설계 · 개발 역량
  - 학습자가 실세계의 맥락과 변화에 대처할 수 있도록 지식의 핵심구조를 파악하여 온톨로지 모형으로 개발할 수 있는 능력
  - 온톨로지 모형을 다양한 평가 문항 요소들(문두, 선지, 피드백 등)과 결합한 지식모형 개발 능력
  - 학습자의 개인별 · 수준별 특성을 반영하여 학습자의 학습을 안내하고 촉진할 수 있는 학습 콘텐츠(학습요소, 학습경로, 방법 등)를 생성하는 지식모형 설계 · 개발 능력

- 디지털 지식 기반 맞춤형 교수학습 설계 · 개발 역량
  - 맞춤형 진단과 맞춤형 피드백 요소를 융합하여 맞춤형 학습 설계 · 개발에 필요한 학습자 특성을 선정하는 능력
  - 개인별 · 수준별 학습 목표와 학습 내용에 대한 맞춤형 진단 설계 · 개발 능력
  - 학습자 진단 결과에 따라 개인별 · 수준별 학습 목표와 학습 내용을 피드백 모형으로 설계 · 개발하는 능력
  - 개인별 · 그룹별 특성에 따라 차별화된 촉진 전략을 만들고 이를 모형화하는 능력
  - 온 · 오프라인 환경에 따라 차별화된 촉진 전략을 만들고 이를 모형화하는 능력
- 디지털 지식 기반 맞춤형 교수학습 운영 역량
  - 학습 데이터 분석 결과를 해석하여 학습자의 변화 양상을 파악하는 능력
  - 학습 데이터 분석 근거를 기반으로 학습과 관련한 다양한 문제의 원인과 해결책을 탐색하는 능력
  - 학습 성과 데이터에 분석 기반하여 맞춤형 교수학습 설계와 해당 지식모형을 재구성하고 개선하는 보완 · 수정 능력

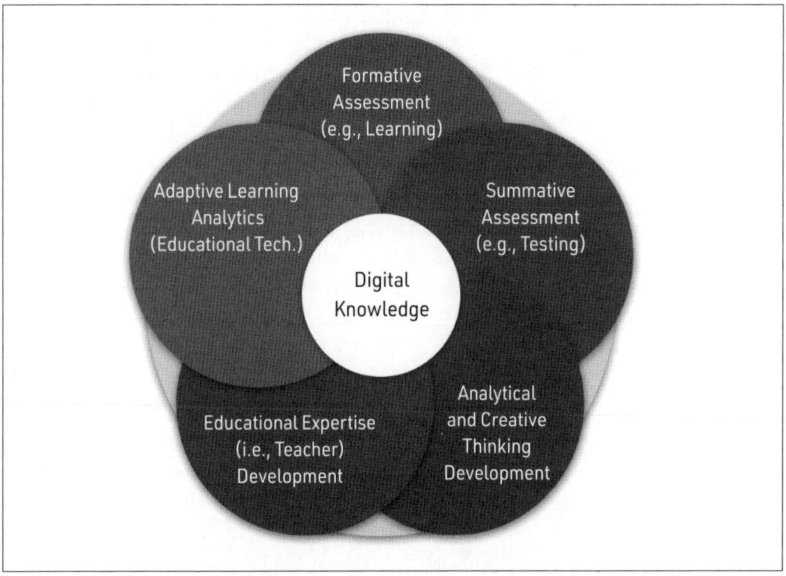

〈그림 6〉 디지털 지식을 통한 교사의 디지털 역량 강화: 예와 내용
[Digital Knowledge: Contents and Usages (Choi, 2022)]

이 그림은 평가공학으로 구축한 디지털 지식이 어떠한 내용과 활용들로 교육 전문가의 역량 강화에 활용될 수 있는지 표현한다. 교육공학기반 TEA는 교사들의 1) 전통적인 총괄 및 형성평가 개발, 2) 분석적 · 창조적 사고력 개발, 3) 교육 내용 전문성 개발, 4) 맞춤형 학습 및 분석능력 개발을 포함하는 '디지털 평가 지식 역량 강화'를 추구한다.

TEA: 교육 전문가 역량 강화와 그들의 인성교육

대한민국 〈인성교육진흥법〉 2조에서는 '인성교육'의 목적을 "자신의 내면을 바르고 건전하게 가꾸고 타인 · 공동체 · 자연과 더불어 살아가는 데 필요한 인간다운 성품과 역량을 기르는 것"으로 규정한다. 이렇게 추상적으로 표현된 목표에 대한 이견은 없겠지만, 이러한 목표의 구체적인 기준과 세부적인 내용을 따지기 시작하면 문제는 달라진다. 예를 들어 “인간다운 성품과 역량”은 사상적 배경, 정치적 이데올로기, 종교적 신념, 그리고 세대에 따라 관점이 매우 달라질 수 있다. 참여자 모두 제각기 다른 방법으로 인성과 역량을 규정하고 이를 형성하는 방법론을 각자의 방식으로 추구하기 때문이다. 여기서 중요한 질문은 “TEA에서 추구하는 교사의 지식모형 교육이 디지털 전환 시대 인성교육과 어떻게 관련되는가?”이다.

인간소외(疏外; alienation)는 철학 또는 경제학 용어다. 이는 인간이 만든 것(예: 상품, 화폐, 제도, 디지털 시스템 등)이 인간에게서 멀어져 반대로 인간을 지배하는 생소한 힘으로 나타나는 것을 말한다. 인간소외는 인간이 자신의 산물인 기계나 기술에 종속되어 인간이 지닌 본질을 잃는 상태를 말한다.

TEA 패러다임은 교육 전문가들을 전체 맞춤형 학습 생태계의 중심에 둔다. 그들은 단순히 맞춤형 학습을 ‘운용 · 사용’하는 데 그치지 않고, 맞춤형 학습에 필요한 디지털 지식의 생산자이자 소유자가 되어 그들이 중앙집중화된 기술에 종속되거나 소외되는 것을 근원적으로 방지하려 한다. 이는 교육 전문가들을 기술 · 자본의 종속에서 해방 · 방지하고 주체적이고 주인이 되게 하여 그들을 더욱 인간답게 한다는 철학적인 함의를 가지고 있다.

고대 철학자 플라톤이 전문가로 성장하기 위해 수학을 강조한 이유에 대한 여러 가지 학설 중 하나는 수학이 엄밀한 사고력을 키워주기 때문이라는 주장이다. 즉, 지식 분야를 막론하고 논리적이고 구조적인 사고력 훈련이 세상사에 대해 논리적이고 철저하게 분석하고 대응할 준비를 시켜준다는 발상이다. TEA에서 교육 전문가들은 지식모형을 만드는 훈련을 하게 된다. 앞서 설명한 대로 '규칙 기반'과 '사례 기반'이 융합된 프로그래밍의 종류인 지식모형은 수학적 논리를 바탕으로 하기 때문에 수학교육과 마찬가지로 논리적이고 구조적인 사고력을 필요로 하고, 이러한 사고력이 강화된다. 여기서 주지할 사실은 이러한 사고력 강화가 '기술적' 그리고 '기능적' 측면 강화에 그치지 않는다는 점이다.

'지식모형'은 지식의 본질적인 특성인 추상적인 성격 · 특징을 띠고 있어 수학, 철학, 과학의 성질과 매우 밀접하다. 따라서 근대적인 물질적 세계관이 직면한 다양한 단점과 한계를 극복하는 비물질적 대안을 제시해준다. 이는 수 체계처럼 지식모형의 구조들이 객관적인 진리를 표상하고 논리적인 성질을 띠는 추상적인 객체이면서도 그들의 지식모형에서 생성된 문항 인스턴스를 통해 경험적으로 관측 가능한 디지털 객체(디지털 콘텐츠와 서비스)로 표상되어 그들의 현장을 바꾸는 뛰어난 성질을 가지고 있기 때문이다. 따라서 수학이나 논리학처럼 추상적인 세계의 진리를 탐구하는 능력이 전문가로 성장하는 데 필수적인 요소로 작용하는 것처럼, TEA의 지식모형은 교육 전문가들에게 물질을 초월하는 추상적 지식의 실존에 대한 단서를 제공하면서 물질적 삶과 문명에 대한 겸허한 자세를 키워줄 잠재력을 지니고 있다.

지식모형은 다른 면에서도 세상의 진리에 대한 겸손을 가르쳐준다. 맥락, 상황, 조건에 의해 답이 언제든지 바뀔 수 있는 지식모형을 다루다 보면 함부로 세상의 어떤 답이나 결론도 내리기 어렵다는 사실을 경험하게 된다. 말의 의미나 논리의 구조 등이 매우 구조적으로 정의된 논리나 규칙 세계에서도 많은 실수가 있을 수 있고, 평가모형 속의 매개변수, 문두의 단어/기호 하나하나를 올바로 표현하여 타당한 지식을 표상할 수 있기까지 많은 시간과 노력이 필요한 것을 알게 된다. 이러한 경험 후에는 "그동안 당연하다고 여겼던 지식과 규칙들이 지극히 잠정적이며, 다양한 상황/맥락/서사 속에서 다양한 요소들의 중첩된 관계들로 이루어져 있다"라는 것을 자연스럽게 깨닫게 된다. 즉, 소크라테스의 교훈인 "우리가 아는 것은 우리의 무지다"를 깨우쳐 스스로를 더욱 인간다운 인간으로 완성시켜나갈 출발을 탄탄하게 해주는 것이다.

주체적 인간의 교실과 그들이 만들어나갈 세상

인류는 육체적 · 인지적 유한성을 극복하기 위해 많은 도구를 개발해왔다. 그중의 꽃은 인터넷, 컴퓨터 같은 정보통신기술 기반 혹은 디지털 기계(digital machinery)다. 인류는 뛰어난 계산력, 기억력, 그리고 빛의 속도에 달하는 정보전달 능력을 가진 디지털 기기들을 통해 디지털 세상을 만들고, 인간의 인지적인 한계를 극복하고자 했다.

인류가 다양한 목적의 디지털 기계들을 만들고, 이들을 활용하며, 이들과 협업하기 위해서는 그간 아날로그 세상에서 없던 완전히 새로운 방법과 도구가 필요하다. 인류가 수십만 년 동안 아날로그 세상에서 고안해온 문명(수많은 도구와 제도, 방법들)은 디지털 세상의 특성과는 상당한 차이가 있기 때문이다.

현존 인류인 '호모사피엔스(Homo sapiens)'라는 이름은 1758년 카를 폰 린네가 고안한 용어로서 라틴어로 '슬기로운 사람'을 뜻한다. 이는 인간의 가장 본질이 뛰어난 '지식' 혹은 '지성'이며, 이런 지식과 지성을 가질 때 비로소 인간답다는 것을 의미한다. 인간을 뜻하는 또 다른 용어로

베르그송의 '호모파베르(Homo Faber; Latin for 'Man the Maker'), 즉 '도구의 인간'이 있다. 이 용어는 인간의 본질을 도구를 사용하고 제작할 줄 아는 점에서 파악하는 인간관이며, 인간은 유 · 무형의 도구를 만드는 동시에 자기 자신도 만든다고 본다. 위 두 가지 인간관에 근거하여 TEA 프레임워크는 교육자들이 스스로의 교과-교수-학습에 관한 지식을 어루만져 디지털 지식이라는 도구를 서로 협력하여 만들어나가는 과정에서 교육 전문가로 성장하는, 즉 인간을 더욱더 인간답게 하는 방법론이 된다.

전문가(experts)란 "특정 영역의 고도화된 지식과 기술로 일반인들이 수행할 수 없는 수준의 높은 성과를 내는 능력을 가진 사람"을 말한다. 평가공학, 특히 TEA는 교사 같은 교육 전문가에게 자신의 분야에서 뛰어난 성과를 창출하는 능력을 가지게 하여 자신, 교실, 평가, 교육, 사회, 더 나아가 인류 전체 디지털 변혁의 주체가 되게 한다.

이 주체들은 TEA를 통해 다음과 같은 경험들을 하게 될 것이다. 우선, 이들은 타인이 이룩한 사유의 결과물을 학습하고 분석하는 데서 자신의 사유를 통해 생성 · 생산의 경험을 하게 된다. 이들은 집성 · 수렴적 · 반복적 사고에서 확장 · 전개 · 적응적 사고의 경험을 하게 된다. 이들은 저차원적인 지식 활동에 머무르지 않고, 고차원적인 지식 활동의 경험을 하게 된다. 이들은 보수적 · 수용적 · 종속적 경험에서 창의적 · 주체적 · 독립적 경험을 하게 된다. 이들은 심리적 · 감정적 · 육체적 만족 추구에 머무르지 않고, 지적 만족 추구의 경험을 하게 된다. 이들은 지식 습득을 목표로 하지 않고, 지식을 도구로 활용하는 경험을 하게 된다. 이러한 경험을 통해 '덜 인간적인 인간'에서 '더 인간적인 인간'이 된다.

앞서 말한 "인성교육: 자신의 내면을 바르고 건전하게 가꾸고 타인 · 공동체 · 자연과 더불어 살아가는 데 필요한 인간다운 성품과 역량을 기르는 것을 목적으로 하는 교육"을 위해서는 이를 실행할 롤모델이 필요하다. 따라서 교사들의 '인간다움'은 학생들의 인격 형성에 결정적인 영향을 미친다. 집에서는 부모가, 학교에서는 교사가 아이들의 역할모델이 된다. 우리 아이들을 '뛰어난 기계'가 아닌 '훌륭한 인간'으로 키우기 위해서는 '뛰어난 사람'을 역할모델로 삼아야 한다. 우리의 미래인 아이들은 고도로 훈련되고 주체적인 교육 전문가들을 통해 더욱더 인간적인 사람이 되는 법을 배우게 된다.

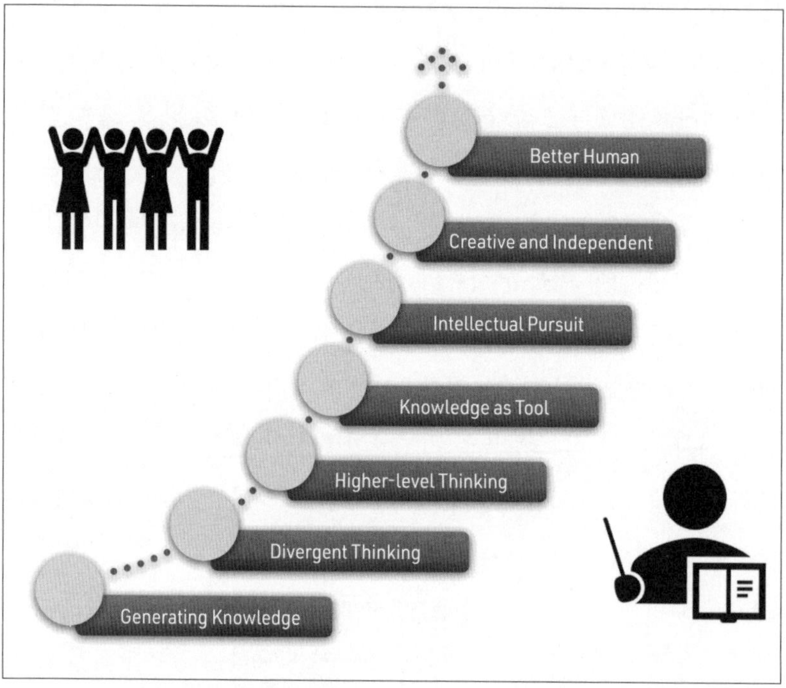

〈그림 7〉 디지털 지식, 전문성, 그리고 인간성
[Digital Knowledge, Expertise, and Humanities (Choi, 2022)]

이 그림은 평가공학 기반 지식모형 개발의 경험과 활용이 어떻게 교사의 지식 증강을 넘어 그들을 창의적이고 독립적이며, 주체적인 교육 전문가로 성장시켜 '인간 완성'을 추구하는 방법론이 되는지 표현한다. 그리고 그러한 교사의 주체성, 전문성 증강이 어떻게 학생들의 주체성과 인성교육에 필요하고 필수적인지를 표현하고 있다.

사랑과 배려 같은 감정적인 성숙과 더불어 주체적이고 뛰어난 지성을 갖춘 교사의 교육과 동료들의 존중이 가득한 교실, 그러한 참여자들의 학교는 우리의 미래인 학생들의 인성교육, 더 나아가 우리의 밝은 미래에 밑바탕이 될 것이다.

참고문헌

이 글에 사용된 참고문헌, 특히 평가공학과 TEA의 이론적 배경에 대한 자세한 설명, 그리고 확장과 활용을 담고 있는 연구자료를 소개한다.

Choi, J. (2017~2023), Digital Knowledge: Machine Education for Human Learning. Washington, D.C., The George Washington University.
이 글에서 소개된 평가공학 전반에 대한 내용의 출처이며, 이 글에서 사용된 그림들과 도표들은 이 문서에서 발췌된 것이다. 조지워싱턴대학교 교육대학원 '평가공학' 수업의 주교재다.

______ (2021), Implications of Online Learning Data Collection and Management Practices: Focusing on the Proposal of the Educator-centric Ecosystem based on Assessment Engineering, ISSUE PAPER CP 2021-12, Korean Educational Development Institute.
온라인 학습과 온라인 학습 데이터 수집과 관리 현황에 나타난 평가공학의 다양한 한계와 문제점을 분석하고, 이를 극복하기 위해 평가공학 기반 교육자의 생태계를 제안한 글이다.

______ (2021), Digital Knowledge-based Adaptive Learning Techniques: Infrastructure for Educational Platform, Educational Development, 219, 42-46.
디지털 지식 기반 맞춤형 교육 시스템이 교육의 디지털 전환을 위한 인프라로 어떻게 작동하는지, 그리고 디지털 교육에서 어떠한 역할을 하는지 설명한 글이다.

______ (2021), Digital Knowledge-based Adaptive Learning Techniques: Approaches and Elements, Educational Development, 218, 43-48.
평가공학을 이용한 맞춤형 교육 시스템 구축에 대한 대안, 방법론, 필요 요소에 대해 설명한 글이다.

______ (2021), Digital Knowledge-based Adaptive Learning Techniques: Background and Needs, Educational Development, 217, 46-48.
평가공학을 이용한 디지털 지식기반 시스템이 무엇이며, 왜 맞춤형 교육 시스템 구축에 필요한지 설명한 글이다.

______ (2020), Educational Reform in the Digital Age: Backgrounds of Big Data based Intelligent Learning Analytics Platform, Educational Development, 214, 44-50.
평가공학을 이용하여 지능형 학습 분석 시스템을 구축하기 위해 어떠한 요소가 필요하며, 빅데이터 기반의 방법론과 어떠한 관계가 있는지 설명한 글이다.

______ (2019), Assessment Engineering for Learning Analytics, Educational Development, 210, 42-45.
평가공학 기반 학습 분석 시스템 구축 방법론을 소개하는 글이다.

______ (2019), Automatic Item Generation with Machine Learning Techniques: A Pathway to Intelligent Assessments. In Jiao, H. & Lissitz, R. W. (Eds.). Applications of artificial intelligence to assessment. Charlotte, NC: Information Age Publisher.
평가공학이 어떻게 지능형 학습 시스템 구축에 활용될 수 있는지 설명한 글이다.

Choi, J., Kim, H., & Pak, S. (2018), Evaluation of Automatic Item Generation Utilities in Formative Assessment Application for Korean High School Students. Journal of Educational Issues, 4(1), 68-89. doi:10.5296/jei.v4i1.
CAFA 시스템을 학교 현장에 적용한 연구로, 그 방법과 결과에 대한 해석이 담겨있다.

Choi, J., & Zhang, X. (2019), Computerized Item Modeling Practices using Computer Adaptive Formative Assessment Automatic Item Generation System: A Tutorial, The Quantitative Methods for Psychology, 15(3), 214-225. doi: 10.20982/tqmp.15.3.p214.
CAFA 시스템을 활용하여 문항 모형을 만드는 과정을 설명한 튜토리얼이다.

Chung, J., Kim, P., Choi, J., & Cho, K. (2021), New Equilibrium. Seoul, Korea: Techville Edu. ISBN13: 979-1-1634-6135-7.
평가공학에 대한 함의가 다른 전문가들과의 대담 형식으로 표현되어 평가공학의 배경과 구조에 대해 더욱 접근하기 쉬운 형태의 글을 담은 책이다.

Dardick, W., & Choi, J. (2016), Teacher Empowered Assessment System: Assessment for the 21st Century. Journal of Applied Educational and Policy Research. 2(2).
Teacher Empowered Assessment(TEA) 프레임워크를 소개하고, 그 배경과 함의를 설명한 글이다.

6장

넘어가기: 대학 인성교육에서 지속가능발전 개념의 통합적 가능성 모색

독일 고등교육 실천 사례

—

오혜림

서언

한국 대학의 인성교육은 단기간 학습을 통해 미래사회를 준비하는 일련의 사고방식과 행동을 가르치는 도구적 교육관을 지양한다. 인간 스스로 자신과 주변 환경, 더 나아가 세계를 비판적으로 생각하고 점검하여 삶의 대안적 방식을 결정하고, 적극적으로 참여할 수 있는 능력을 길러주는 교양교육을 지향한다. 자아를 찾아 성장시키는 인성교육 프로그램 틀에서 벗어나 공동의 사회문제 가운데 개인의 전문적 역량을 활용하여 그 문제들을 함께 해결해나갈 수 있도록 지원하는 인성교육이 더육 필요하다(김우진, 2020). 이러한 필요성에 호응하여 필자는 현재 국제사회가 지향하는 인권, 민주주의, 평화, 자유, 관용, 문화의 다양성, 환경 책임, 사회 정의, 경제적 참여에 가치를 둔 지속가능발전을 인성교육의 저변을 확대할 수 있는 적합한 개념으로 선택했다. 독일의 지속가능발전교육 사례가 4차 산업혁명 시대로 명명되는 현 시대정신에 부합하는 인성교육의 본질을 고민할 수 있는 혁신사례가 되길 바란다. 또한, 대학 교양교육에서 지속가능발전 개념에 녹여 넣는 교육 실천에 도움이 되는 기초자료로 활용될 수 있을 것이라 기대한다.

지속가능한 교육으로의 전환

지속가능발전을 위한 교육의 전개

지속가능발전 관련 문제는 지속가능발전을 위한 세계정상회의(World Summit on Sustainable Development, 2002)에서부터 2015~2019년 '유엔 지속가능발전교육 10년(UN Decade of Education for Sustainable Development, 이하 "DESD")' 계획 수립, 2015~2019년 '지속가능발전교육 국제실천프로그램(Global Action Programme for Education for Sustainable Development, 이하 "GAP")'을 통해 연이어 강조되어왔다. 2015년 9월 UN 총회는 '우리 세계의 전환: 지속가능한 발전을 위한 2030 결의안(Transforming Our World: The 2030 Agenda for Sustainable Development)'을 채택하여 17개의 '지속가능개발목표(Sustainable

Development Goals, 이하 "SDGs")'와 세부목표 169개를 제시했다(United Nations, 2015). 본 개발 의제에서 합의된 SDGs는 인구 증가와 무분별한 경제성장으로 인해 발생한 빈곤과 기아, 보건 문제, 국가 내 그리고 국가 간 불평등, 교육 불평등, 인권 침해, 기후변화 등의 전 지구적(Global) 문제를 해결하며 미래사회의 협력을 통해 포용적 경제성장을 도모하고자 하는 인류 보편의 우선순위다(그림 1).

국제사회는 기술적 해결책, 정책, 재정적 지원만으로 SDGs를 달성할 수 없는 상태라고 판단하고 더욱 근본적인 인간 스스로 삶의 태

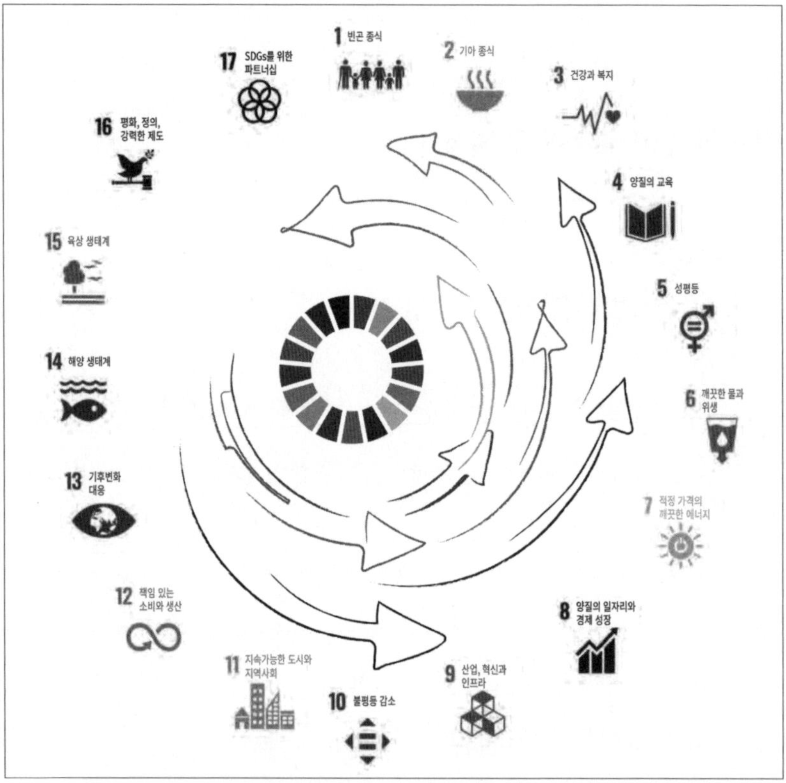

〈그림 1〉 SDGs 중점과제(UNESCO, 2020, 정혜령 옮김, 2021, 12쪽 재인용)

도와 가치관을 변화시키는 교육이 필요함을 계속해서 강조해왔다. 최근 UN(국제연합)이 채택한 '지속가능발전교육 2030(Education for Sustainable Development 2030, 이하 "ESD 2030")' 의결을 통해 지속가능발전의 이념, 가치, 실제와 관련된 교수-학습을 통합하고자 하는 시도가 활발하다. ESD 2030은 SDGs(UNESCO, 2016) 달성을 위해 UNESCO(2020)가 제시한 실천 교육 프로그램으로 UN 가입국들은 각국의 상황에 따라 지속가능발전에 일조하는 교육을 자율적으로 개편하여 운영하고 있다. ESD 2030은 SDGs의 네 번째 목표인 '양질의 교육(Quality Education)' 달성을 주재하는 '국제연합교육과학문화기구(United Nations Educational, Scientific and Cultural Organization, 이하 "UNESCO")'의 운영지침이다. 따라서 ESD 2030 세부목표 SDG 4.7 달성에 관한 책무를 실행에 옮기는 수단으로 SDG 4.7과 관련성이 깊다(UNESCO, 2020). 이러한 맥락에서 각 국가는 지역의 여건과 상황에 따라 SDGs 달성에 일조하는 지속가능발전교육(Education for Sustainable Development, 이하 "ESD")에 매진하고 있다. 〈그림 2〉에서 볼 수 있듯이 지속가능발전교육은 지속가능발전의 이념, 가치, 실제를 교육과 학습의 모든 측면과 통합하고자 하는 국제사회의 시도다. 다른 한편으로 모든 사람이 양질의 교육 혜택을 받을 수 있으며, 이를 통해 지속가능한 미래와 사회 변혁을 위해 필요한 가치, 행동, 삶의 방식을 배울 수 있는 사회를 지향하는 핵심 가치이자 지속가능발전을 실천하는 수단이다(UNESCO, 2020).

SDGs의 네 번째 목표인 '양질의 교육'은 독일어 'Hochwertige Bildung' 또는 'Bildungsqualität'로 번역된다(German UNESCO-Commission, 2016). 한국어로 '도야' 또는 '교양'으로 번역되는 '빌둥(Bildung)'은 인간의 영혼 가운데 하나님의 'Bild(형상)'에서 유래했다(Xochellis, 1973: 16). 구약성서에 따르면 하나님은 자신의 형상(Bild)에 따라 인간을 창조했으며, 인

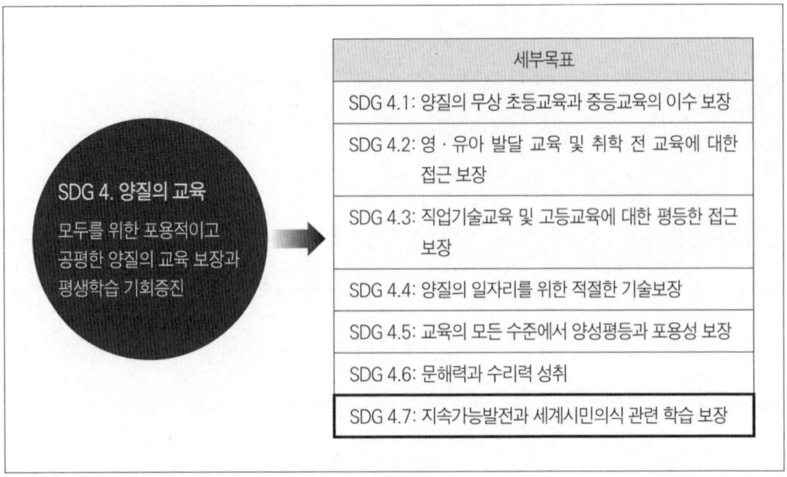

〈그림 2〉 SDG 4: ESD 2030의 세부목표

간이 빌둥을 통해 하나님의 형상을 닮은 인격체로 형성될 수 있다는 기독교적 세계관이 내포된 개념이다. 자유로운 인간의 고유성을 궁극적으로 추구하며 자연스럽게 발현할 수 있는 빌둥을 근대 교육 체제에 적용한 사람은 빌헬름 폰 훔볼트(Wilhelm von Humboldt, 이하 "훔볼트")다. 1809년 훔볼트의 교육개혁 계획에 따라 현재 훔볼트 베를린 대학(Humboldt University of Berlin)의 전신인 대학이 설립되었고, 독일 인문계 고등학교인 김나지움(Gymnasium)과 대학이 연계되며 인문 정신에 입각한 훔볼트의 교육이념이 구현되었다. 훔볼트가 19세기 초 인문 정신에 입각한 존엄한 삶의 보장과 사회적 진보를 가장 중요하게 여기며 '보편적 인간교육(Allgemeine Menschenbildung)' 정책을 수립한 것은 당시 나폴레옹 군대에 패전하여 프로이센(Kingdom of Prussia) 인구의 절반을 잃은 역사적 상황과 연관이 깊다.

독일의 교양교육: 지속가능한 발전을 위한 주제별 탐색

교양교육은 세계시민교육과 인권교육에 주안점을 두고 학교, 지자체, 지역사회 현장과 긴밀히 연계한 '주제교육(Adjectival education)'이라 할 수 있다(Wals, 2019). 현재 독일 UNESCO 위원회가 중점을 두고 있는 양질의 교양교육 역시 인권교육과 세계시민교육인데, 국가 및 민족 문화에 적합한 핵심 영역과 쟁점의 우선순위를 다양한 형태로 적용하며 양질의 교육을 보장하고 있다(UNESCO Deutsche-Kommission, n.d.).

▎세계시민교육

독일의 세계시민교육은 초국가적 차원에서 지구 전체를 범위로 하여 제시될 수 있는 기준에 관한 독일의 정치교육이다(UNESCO Deutsche-Kommission, n.d.). 세계시민교육을 국가 교육정책 반영에 노력하는 독일 UNESCO 위원회는 학습자들이 전 세계에 공통된 주요 담론을 이해하고, 미래 문제에 적극적으로 대응할 수 있는 지식, 기술, 가치, 태도, 역량을 함양할 수 있는 학습 도구를 연구하고 있다. 세계시민교육의 1차원적 목적은 학습자들이 세계 도전과제를 이해하고 이에 적극적으로 대응할 수 있는 지식과 역량을 전수하는 데 있다. 이는 세계 공동체(지구촌)에 소속되었다는 개인의식을 형성하여 사회의 능동적 구성원을 양성하고자 하는 교양교육(Bildung)의 목적을 달성하는 데 적합한 주제다.

아울러 세계시민교육은 지역의 특성과 세계 정체성에 주목한다. 세계시민교육에서 지역 정체성과 범지구적 정체성을 정의할 때 두 정체성에 대한 이해는 모순이 아닌 두 가지 관점을 연계하여 제시된다. 따라서 시민교육은 지역과 범지구적 행위 간 상호연계를 이해하는 활동 지원의 필요성을 강조하고 있다. 주제별로 살펴보면 기본적으로 사회 정의, 평화, 사회의 생태적 지속가능한 발전은 전 인류의 과제로 독일 사회 역시 세계시민교육을 통해 생태자원을 보존하고, 평화롭고 정의로운 세계형성에 공헌하는 교육이상을 실현하기 위해 노력하고 있다. 독일 내 세계시민교육에서 중대하게 다뤄지고 있는 사안들은 단일국가 차원에서 독자적으로 대응할 수 없는 독일 사회의 도전과제다. 이민자, 기후변화, 디지털화, 평화보장 등을 포괄하는 독일의 세계시민교육은 기존 독일 정치교육에서 다뤄온 이론의 틀을 담고 있다. 세계시민교육은 지속가능발전 개념이 차용되기 전부터 시행된 UNESCO의 평화교육, 민주교육, 인권교육, 폭력적 극단주의에 관한 교육 내용과 연계되었다. 이러한 맥락에서 세계시민교육은 분화된 다양한 교양(교육) 개념들을 함께 고려하여 범지구적 도전에 대한 새로운 관점을 생성했다는 점에서 가치가 있다.

민족 말살 방지와 '홀로코스트(Holocaust)' 교육은 독일 세계시민교육 맥락에서 중요한 위치를 차지하고 있다(UNESCO Deutsche-Kommission, n.d.). 1970년대 독일 내에서 활발하게 전개되었던 홀로코스트 교육주제에 대한 공식적 논쟁은 국제연합과 UNESCO(2007) 권고와 결의안에 큰 영향을 끼쳤다. 1974년 체결된 "국제 교육에 관한 권고"(UNESCO, 1974)는 독일 정치교육에서 준수하는 기본원칙이자 국제 홀로코스트 교육 체제에 대한 새로운 논쟁과 개념을 발전시키는 데 기여했다. 예를 들어 '국제홀로코스트추모연합(International Holocaust Remembrance Alliance)'의 구성원으로서 독일은 다양한 기관과 연합체 활동을 주도하고 있다. 홀로코스트 교육에 결정적 역할을 하고 있는 주문화부장관협의회(Kultusministerkonferenz, 이하

"KMK")(2014)는 2014년부터 역사 · 정치 교육의 주제는 기억문화임을 권고하는 결의안을 채택했으며. 홀로코스트를 포함한 대량학살에 대한 학교교육은 현재 "미래를 위한 기억"이라는 제목으로 실시되고 있다.

▎인권교육

독일은 국가 차원에서 독일 국적자 외 망명자, 비정규적 이민자, 중증 또는 코마로 누워있는 환자, 아동 또는 재소자가 가진 기본적 인권을 보호하고 향상하기 위해 노력하고 있다. 독일 UNESCO 위원회가 상정한 양질의 교양(교육)이 형식적으로 인권교육과 세계시민교육으로 세분화되어 있지만(UNESCO Deutsche-Kommission, n.d.), 독일의 세계시민교육은 좀 더 인권 신장을 위한 교육의 형태를 갖추고 있다. 인권교육과 세계시민교육이 공동체 바깥에 떨어져 있는 타인, 지역, 미래 인류의 고통을 헤아리는 통찰력을 길러내는 교육이기에 독일의 세계시민교육은 인권교육의 연장선상에서 이해할 수 있다(김동조, 2021).

독일 연방국가 수준에서 시행된 독일 인권교육의 시초는 KMK(2018)의 인권교육 권고문이다. 1980년대부터 KMK(2018)는 인권교육을 초중등학교 시기에 제공해야 함을 권고했으며, 2018년 '초중등학교 인권교육(Menschenrechtsbildung in der Schule)' 조례를 정립했다. KMK의 권고문이 발표된 이후 대다수 연방주의 수업계획은 인권을 다루는 영역을 확장했지만, 인권교육을 학교 교육과정에 적합한 교과 형태로 적용하는 데 여전히 어려움을 느낀다. 학교에서의 인권교육을 보완하는 차원에서 '독일인권연구소(Deutschen Instituts für Menschenrecht, Eng. German Institute for Human Rights)'의 인권교육 서비스는 풍부한 교육자료를 제공하고 있다(German Institute for Human Rights, n.d.). 아울러 독일인권연구소의 인권교육 서비스는 다양한 행사와 발표 기회를 창출하며 높은 수준의 교양교육을 지원하고 있다.

양질의 교양교육을 실현하는 독일의 인권교육은 문화도시의 자생력을 키우는 데 노력하고 있다. 지역에서 발생한 인종차별주의는 도시 내에서 맞서 해결해야 한다는 인식 아래 2014년 뉘른베르크(Nuremberg)에 설립된 '유럽 인종차별 반대 유럽도시연합(European Coalition of Cities against Racism)'이 가장 대표적인 실천사례다. 독일 바이에른주의 뉘른베르크는 '나치(Nationalsozialistische Deutsche Arbeiterpartei)'가 패망하기 전까지 매년 전당대회(Reichsparteitag)가 열렸던 도시이자 패망 뒤 뉘른베르크 국제군사재판이 진행된 도시다. 유럽 인종차별 반대 유럽도시연합은 이러한 역사적 배경을 바탕으로 인종차별주의를 지역 내에서 해결하고자 조직된 협의체다. 유럽 인종차별 반대 유럽도시연합은 현재 독일 내 30개 도시, 유럽 100개 이상의 도시와 협력관계를 맺으며 매년 정기회의를 이끌고 있다(ICCAR, n.d.).

아울러 인권교육을 문화 운동으로 확장한 대표사례로서 '뉘른베르크 국제 인권 영화제(Nuremberg International Human Rights)'를 들 수 있다. 12월 초 인권의 날에 맞춰 2년마다 개최되고 있는 뉘른베르크 국제 인권 영화제는 인권 내용과 영화적 요소가 포함된 장편영화(프로), 단편영화(프로), TV 중계 영상(프로), 아마추어 영화, 대학 영화, 교양(교육)의 6개 부문에 수여하고 있다. 2008년부터 수상작들은 독일 10개 도시에서 상영되며 관객과의 대화에 초대된다.

지속가능발전을 위한 고등교육 추진전략

독일은 DESD(2005~2014) 계획에 따라 국가 차원의 지속가능발전 계획을 이행해온 시기부터 학교 조직 운영, 교육과정 설계, 교수-학습 방식 연구 · 개발을 포함한 모든 교수-학습 환경을 전환하는 기관 전체적 접근을 취하고 있다(BMBF, 2020b: 7). 따라서 독일 유네스코위원회와 BMBF 주재 아래 GAP(2015~2019)를 이행한 309개 협력 기관(48개 학습장에서 개최)은 독일 지속가능발전교육의 규모를 가늠할 수 있는 기본 척도라 할 수 있다. 309개 연구기관은 130개의 협의체와 131개의 네트워크와 연계되었다(BMBF, 2020b: 7-8). 참여 기관별로 살펴보면 고등교육기관이 전체의 12%(37개)를 차지했다(무형식교육 47%, 초중등교육 13%, 자치단체 10%, 기업 8%, 직업교육 7%, 유아교육 3%).

독일 고등교육에 적합한 지속가능발전교육 방법과 지침 개발

지속가능발전의 기획과 실제 운용에 특화된 '코덱스(Codex)'는 대학들이 혁신의 주체가 되도록 지원한 국가와 대학의 협력 성과다(그림 3). 50여 명의 대학 대표들은 1여 년간 독일연방정부에 소속된 '지속가능발전 법률자문위원회(Rat für Nachhaltige Entwicklung)'가 제시한 독일 지속가능성 코덱스를 연구하여 시험용 코덱스를 개발했다. 본 연구 결과를 바탕으로 BMBF(2020a)는 2016년 11월부터 프로젝트 'HOCHN'이라는 이름으로 지속가능발전 코덱스(Codex) 개발에 4년간 지원했다. HOCHN에는 총 11개의 독일 대학이 지배구조(Freie Universität Berlin, Universität Vechta),

연구(Leuphana Universität Lüneburg, Ludwig-Maximilians-Universität München), 이행(Hochschule für nachhaltige Entwicklung Eberswalde), 기업(Technische Universität Dresden, Hochschule Zittau/Görlitz), 교수법(Universität Bremen, Universität Tübingen) 네트워크 및 보고서 작성(Universität Duisburg-Essen, Freie Universität Berlin, Universität Hamburg)에 각각 참여했다.

"독일 대학 맞춤형 지속가능성 코덱스"에서 합의한 20개 영역의 표준은 대학의 전체 기관 관점에서 지속가능발전교육을 실현하는 참여 과정에 활용할 수 있는 지침이다. 부분적 해석의 다양성을 용인하고 사용자 스스로 다양한 활용 방안을 마련할 수 있도록 제작된 지표이기에 결과적으로 조건에 따라 체계적이고 온전한 구획설정이 가능하다. 다음 〈그림 3〉과 같이 독일 대학 맞춤형 지속가능성 코덱스에는 20개의 표준이 제시되어 있다. 이는 대학이 계획한 지속가능발전을 실현할 때 해당 실천영역(연구, 교수법, 기업, 이전, 지배구조)을 고려하여 활용할 수 있는 표준이다.

코덱스 표준 1~4는 포괄적 전략에 관한 전문분야를 다루고 있다. 표준 5~10은 연구 · 개발된 전략(표준 1~4)을 다시 한번 효과적으로 운영하는 데 필요한 규정과 지침이다. 구체적으로 매뉴얼화된 코덱스는 좀 더 특수한 주제 범위에 적용하여 활용할 수 있는 표준을 제시하고 있다. 나머지 표준 지침은 환경(표준 11~13)과 사회(표준 14~20) 영역에서 구체적으로 이해할 수 있다. 각 대학이 연구, 교수, 산업, 이행, 지배구조(Governance)별로 이행할 수 있는 지침과 실제 이행 예시가 포함된 실천영역별 보고서는 공개되어 누구나 무료로 활용할 수 있다.

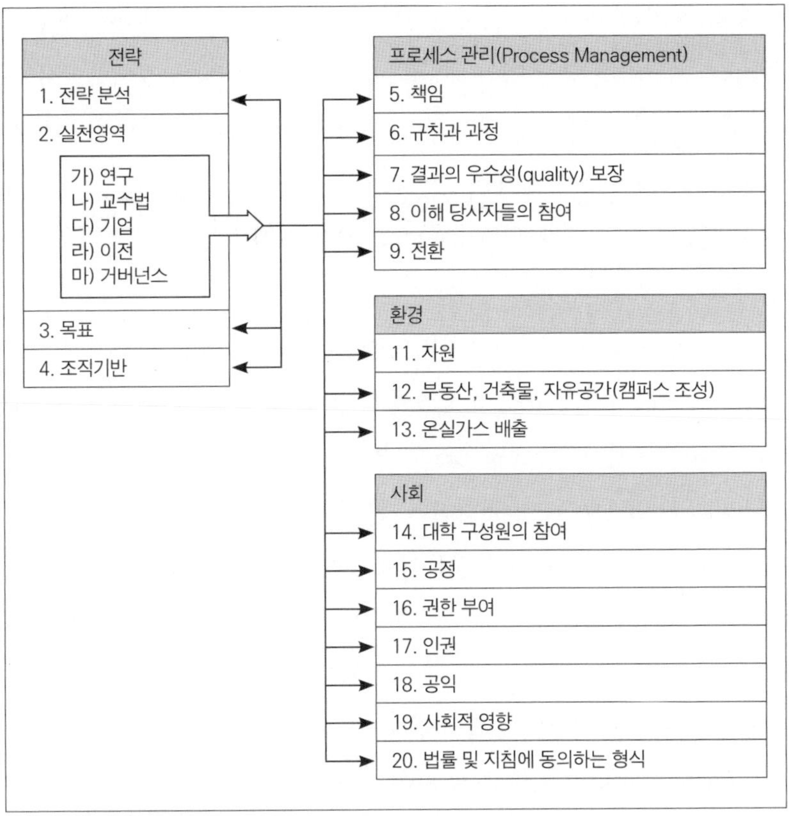

〈그림 3〉 지속가능교육을 위한 독일 대학 맞춤형 코덱스 기준 20가지 범주(BMBFa, 2020: 27)

독일 대학의 지속가능발전 이행 사례[1]

'독일총장회의(German Rectors' Conference)'는 독일에서 정식으로 인가된 대학 자율협의체로, 현재 268개 회원교가 활동하고 있다. 2009년 처

1) 2장 내용 가운데 특별히 출처를 밝히지 않은 내용의 출처는 Catholic University of Eichstet-Ingolstadt(n.d.)이다.

음으로 개최된 독일총장회의는 지속가능발전을 위한 권고를 가결했다(HRK, n.d.). 가결 당시 독일 대학의 25%가 HOCHN에 참여하면서 독일 대학 맞춤형 지속가능성 코덱스 개발에 참여했다. 더 나아가 연구기관들이 지속가능개발에 대한 구성요소를 연구하고, 담당자를 임명하거나 네덜란드의 그린 오피스(Green Office) 같은 선례에 따라 전담 사무실을 설치하기 시작했다.

이 장에서는 지속가능교육을 위한 독일 대학 맞춤형 코덱스 기준에 따라 지속가능발전교육을 대학기관의 전체 차원에서 이행한 'Catholic University of Eichstet-Ingolstadt(이하 "KU")' 사례를 소개하고자 한다. KU 역시 HOCHN 지침에 따라 '기관 전체 전략(Whole Institution Approach)'을 적용하고 있다. 2010년 말부터 KU의 지속가능발전 개념은 '지배구조(Governance)', '연구', '교육', '캠퍼스 매니지먼트', '학생 참여', '이행(Transfer)' 실행 영역별로 구현하여 평가하고 있다. 필자는 KU의 지속가능발전 실천영역 가운데 교육과 연구 영역을 중점적으로 분석하여 기술했다. 캠퍼스 매니지먼트, 학생 참여, 이행 영역은 지배구조, 교육, 연구 분야와 긴밀히 연계된 부분이기에 주요 내용을 포괄적으로 기술했다. 특별히 KU 사례를 선택하여 소개하는 이유는 본 대학이 루터(M. Luther)의 종교개혁 이후에도 현재까지 가톨릭의 인본주의 가치가 중요시되고 있는 바이에른(Bayern)주에 위치해 있는 지역적 특성 때문이다. 가톨릭 문화권의 전통적 가치를 계승하면서 동시에 지속가능발전이라는 세계 공동체의 가치를 지역사회와 연계한 운영사례로서 KU의 지속가능발전 이행사례가 인성교육 발전방안 개발에 유용한 시사점을 제공할 수 있을 것이라 기대한다.

❙ 지배구조(Governance)

EMAS(2013)는 유럽위원회(European Commission)의 환경감시제도다. 유럽위원회가 조직의 환경성과(Environmental Performance)를 평가 · 보고 · 개선하기 위해 개발한 관리도구다. 환경성과를 개선하고자 하는 기관 모두 인증평가를 받을 수 있다. EMAS 인증은 매우 엄격한 절차를 거쳐 진행되는데, 독일연방 환경법과 대학이 내규로 정한 최소한의 법적 규제를 단순히 준수하는 차원을 넘어 해당 기관의 환경보전과 환경개선을 위한 목표와 실행계획을 자발적으로 수립하고 실행하는 과정을 지원하는 제도라 할 수 있다. 2020년 KU는 독일에서는 처음으로 EMAS를 기반으로 사회 · 환경적 관점을 확장한 EMASplus 인증을 받았다. EMASplus는 DIN ISO 26000 같은 경영 시스템 기준들을 함께 사용할 수 있는 구조다. EMASplus에 부합하는 사회적 책임을 지기 위해 KU가 중점을 두고 있는 DIN ISO 26000의 핵심주제는 a) 조직운영, b) 인권, c) 직무실행, d) 환경성과, e) 공정 기업 및 산업 실행, f) 소비자의 요구, g) 사회 통합과 발전이다.

KU는 2020년부터 대학 내에 그린 오피스를 운영하고 있다. 그린 오피스는 대학 내에서 수행하고 있는 지속가능성 사업의 교차점이라 할 수 있다. 그린 오피스를 통해 지속가능발전에 관한 자료, 네트워크, 담당자 배치, 주제를 포함한 정보를 제공받을 수 있다. KU는 이러한 지배구조를 갖추며 2030년까지 달성할 지속가능발전에 관한 목표를 수립했다. KU 지배구조의 또 다른 특징은 책임자가 배치된 상태에서 지속가능발전을 이행한다는 것이다. 아래 〈그림 4〉는 KU 지배구조의 한 예를 시각화한 것이다.

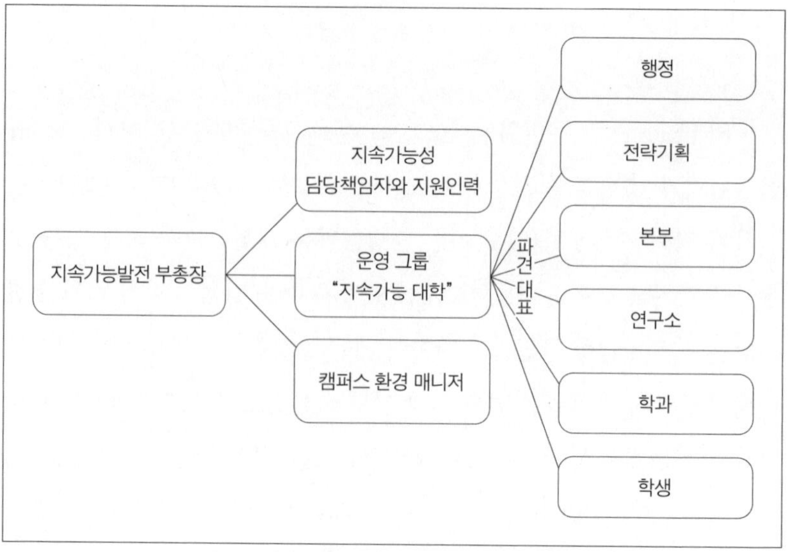

〈그림 4〉 책임자 중심의 KU 지배구조의 사례

❙ 연구

'연구'는 지속가능성에 대한 대학의 전체 개념 틀에서 지속가능발전을 위해 필수적으로 포함된 실천영역이다. KU의 "환경, 경제, 사회의 지속가능성" 연구 분야는 2010년부터 대학원에 확고히 자리를 잡고 있다. 대학원 중심의 지속가능성 연구 프로젝트는 점증적으로 증가하고 있으며, 일련의 연구 과정이 출판물의 형태, 관련 학문 분야의 생성, 학과의 심화 과정을 생성하는 자양분이 되었다. 지속가능발전 연구의 중심은 지속가능성 연구실험실(Substantiality Research Lab)이다. 연구자들은 지속가능발전을 위한 윤리, 정의, 사회, 환경, 경제를 고려한 연구 활동을 수행하고 있다.

이러한 연구문화 속에서 KU가 2020년부터 2030년까지 연구 영역에서 달성하고자 하는 실천목표는 첫째, 지속가능발전에 관한 연구를 구조적으로 명문화하여 강화하는 것이다. KU의 연구 활동 결과들은 2011년부터 저장하는 플랫폼을 운영하고 있다. 새로운 연구 프로젝트들이 매년 갱신되어 출판 서버(KU.edoc)에 저장되고 있다. 모든 연구 성과물은 '지속가능성'이라는 주제영역으로 구분되어 검색할 수 있다.

두 번째 연구목표는 첫 번째 목표와 연관이 깊은데, KU는 지속가능발전 연구의 성과를 대내외적으로 명시하는 것을 목표로 하고 있다. 2020년까지 수행한 지속가능발전에 관한 연구 중 71개의 연구 결과와 연구 과정은 홈페이지에 게시되고 있다(2021년 7월 기준). 게시된 내용에서 각 연구 인력은 신학, 종교교육, 사회복지, 사회학, 경제학, 생물교육, 교직, 지리학, 언론학, 심리학 등 소속 학과에 따라 분류할 수 있다. KU는 이러한 일련의 지속가능연구를 통해 궁극적으로 지역, 국가, 해외 연구 프로그램과 네트워크의 대표가 되고자 한다.

❙ 교육과정

KU는 2030년까지 달성해야 할 지속가능성의 결의를 다양한 측면에서 이해하고 판단할 수 있는 학생들의 지식습득 능력을 고양하기 위해 교수-학습 과정을 다양화하는 등 대대적으로 개선했다. 무엇보다 학생들이 교육의 주체가 되어 지속가능성 가치판단을 하고 현 문제를 해결할 수 있는 체계적 협력과 의사소통 능력을 신장할 수 있는 학문의 전문성을 강조하고 있다.

① 지속가능발전 심화전공

KU 지속가능발전 교육전략의 기본노선은 전공학문 간 융합과 연구하는 실천적 교육이다. 2019학년도 겨울학기부터 '지속가능발전 심화전공(Zusatzstudium)'을 제공하고 있다. 학생들은 본 과정을 통해 기후변화, 홍수, 세계 불공평, 디지털화, 세계화, 생물 다양성 손실 같은 주제를 공부할 수 있다. 학사과정 학생의 경우, 등록 3학기부터 총 4개의 모듈을 수강할 수 있다. 이는 20 ECTS[2] 학점(필수모듈 10 ECTS, 선택모듈 10 ECTS)에 해당한다. 필수모듈은 5 ECTS씩 2개로 구성되며, 두 학기에 걸쳐 제공하고 있다. 지속가능발전 심화전공은 다양한 학문과 영역을 융합하는 복합적인 내용으로 겨울학기마다 개설되고 있다. 본 심화전공은 'Studium. Pro(Eng. Study. Pro)' 모듈이라 명명하며, 지속가능발전 주제에 대해 여러 분야의 전문 교수진들이 돌아가며 수업을 진행하고 있다. 아래 〈표 1〉은 KU 대학의 2020학년도 겨울학기에 제공한 수업 일시, 내용 그리고 담당 학과다. 2020학년도 겨울학기에는 총 70명 이상의 학생이 본 심화과정을 신청했다.

심화과정을 수강한 학생들은 자신의 전공과 연계하여 미래사회를 대비할 수 있는 활동에 적극적으로 참여할 수 있도록 모듈을 구성했다. 예를 들어, 지속가능발전의 중심 주제인 통합생태학 수강 신청자 수가 많아 2020학년도 겨울학기에 추가 강의를 제공했다. 본 수업에서는 교황 "Laudato Si" 회람을 분석하여 지속가능한 사회로 이행하는 데 필요

---

2) European Credit Transfer and accumulation System(유럽 학점 이수 시스템)은 유럽연합 회원국의 고등교육기관 간 학점을 비교하는 기준이다(European Unions, 2015). 정규등록의 경우 1년에 60 ECTS 학점을 충족하는 학습 결과(Learning outcome)와 작업량(Work load)을 요구하고 있다. 이는 1,500~1,800시간이 소요된 학습 결과와 관련된 작업량에 부합한다. 1학점 취득을 위해 대략 25~30시간이 소요되는 작업량을 요구한다.

한 요소를 분석하고 통합적 관점을 고찰했다. 아울러 1972년 지구의 생태파괴를 예측한 로마클럽(Club of Rome)의 보고를 현대적 관점에서 분석한 저서 "*wir sind dran*(Eng. It's our turn, von Weizsaecker, Wijkman, 2017)" 외에 켄 윌버(Ken Wilber)와 에리히 프롬(Erich Fromm)의 작품을 분석 · 고찰하여 교

〈표 1〉 2020/2021학년도 겨울학기 Study.Pro 주제 및 관련 학문 범위

주차	주제	학문 분야(강사명)
1	영화 〈Before the Flood〉	모든 학과(비동시성)
2	지속가능성 개론 및 개념	KU 대학 지속가능성 (담당 Anne-Kathrin Lindau 교수)
3	환경적 관점과 사례 간 네트워킹	물리학 관련 응용지리(Bernd Cyftka 교수)
4	환경적 관점과 사례 간 네트워킹	경제지리(Hans-Martin Zademach 교수)
5	사회적 관점: 사회-문화적 지속가능성	사회복지(Gehard Rott 박사)
6	기후 대책과 기후변화 대응	농업생태학(Susanne Jochner-Oette 교수)
7	글로벌 정의, 세대 간 정의	인문지리학(Christian Steiner 교수)
8	지속가능성의 윤리적 관점	종교교육학(Uto Meier 교수)
9	생물학적 관점: 식물과 생물 다양성의 중요성	생물교육 교수법(Maximiliane Schumm 박사)
10	지속가능한 경제학과 사회 혁신	기독교 사회윤리와 사회정치(Eva Vosen 교수)
11	환경심리학	사회심리학과 조직심리학 (Elisabeth Kals 교수 외 1명)
12	구조화된 무책임	미시경제학 관련 언론학 (Klaus-Dieter Altmeppen 교수)
13	세계 생산사슬과 개발도상국의 노동시장	미시경제학 관련 정치경제학 (Alexander M. Danzer 교수)
14	지속가능한 경제와 지속가능한 보고서에서 드러난 충격량	경영학, 경영관리, 관리 회계
15	전체 최종 논의	전체

육정책 및 개발정책 관점에서 실현 대책을 논의하는 수업으로 구성되어 있다.

'Studium. Pro' 모듈을 수료한 학생들은 여름학기에 개설되는 필수 모듈 '지속가능발전 2'를 수강할 수 있다. 프로젝트 세미나 형식의 지속가능발전 2는 'Studium. Pro'에서 습득한 이론, 모델, 방법적 지식을 외부 전문가와 함께 지역사회 현장에 적용하는 교수-학습 방법인 '서비스러닝(Service Learning)' 형식이다. 프로젝트 세미나 참가자들이 다루는 주제는 양봉, 지속가능한 기업과 사회 혁신, 지속가능발전을 위한 교육, 이민자와 다문화, 지속가능한 환경개발, 지속가능한 식량 등 지속가능발전의 입장을 선택하게 하여 개인별 심화학습을 가능하게 한다.

2020학년도 여름학기 프로젝트 세미나에서는 KU 대학이 위치한 아이슈테트(Eichstaett) 지역 계획(Initiative)을 수립하는 지속가능성 네트워크 fairElnt(n.d.)의 전문가들이 연구한 지속가능한 지역발전의 실천 계획 및 방안(Concept)을 발전시켰다. 세미나에 참여한 학생들과 전문가들과의 협업 프로젝트는 다음과 같다.

- *산업 지역 솔나우(Sollnau)의 지붕녹화 활성화 방안*
- *이동수단 사용이 적고 자전거 친화적인 조용한 아이슈테트 도심 만들기 계획*
- *지역 방문자들을 위한 할인권 제작(예: 대중교통 무료이용권)*
- *동승 벤치 아이슈테트 프로젝트: 중앙역 등 아이슈테트 주요 길목 다섯 곳에 벤치를 설치하여 지나가는 차량은 자발적으로 벤치에 앉아 있는 시민과의 동승 프로젝트*
- *쇼윈도 진열장-박물관 프로젝트: 온라인 쇼핑몰과 주변 대도시*

이동의 편이성이 증대됨에 따라 아이슈테트 도심 상권이 열악해져 빈 건물이 증가하기 시작했다. 이러한 도심 재생 문제를 해결하기 위해 도시 차원에서 '신생기업(Start up)' 유치와 예술가들의 공간 마련, 쓰레기 없는 쇼핑 활성화 방안

- 아이슈테트 정착 도움 프로젝트: 난민, 망명자, 이민자, 교환학생 등 외국인 대상 안내서 번역

KU는 2021학년도 겨울학기부터 학사과정 학생과 석사과정 학생에 적합한 선택형 모듈(총 ECTS 10학점)을 구분하여 제공하고 있다. 학부생은 5학기부터 수강할 수 있다. 선택 모듈('지속가능발전', '학교', '글로벌 개발문제', '지속가능발전의 이론: 윤리적 관점', '생태시스템과 생물 다양성을 위한 환경 및 현장학습 교수법: 이론과 실습', '교양, 교육, 가족') 중 2개 모듈을 이수한 학생들의 성적표와 수업참여 증명서에는 '지속가능코치'가 표기되어 발급된다. 심화 과정의 선택 모듈을 이수하지 않을 경우, 학부생과 대학원생들은 교양수업인 '지속가능한 환경개발', '난민, 이민, 사회에 관한 개론 모듈', '남미의 인류-환경-관계(지리학 III)', '지속가능성을 이끄는 기업', '지속가능개발 이행 개론과 실천 예시', '지속가능한 영양'을 수강할 수 있다(2020학년도 기준).

선택 모듈별로 살펴보면 5 ECTS 학점을 취득하기 위해 발표(총 40분), 토론(약 20분), 배포자료(약 7천 자)를 학습 성과물로 제출해야 한다. ECTS 5학점 중 ECTS 2학점은 프로젝트 발표를 준비하는 중에 실시되는 발표(10분) 및 토론(10분)이나 2회의 토론(각 40분, 20분)을 선택할 수 있다. 배포자료(약 7천 자)를 준비하는 대신 지속가능발전에 대한 구상 및 방안(1만 8천 자)을 선택할 수 있다. 이러한 전반적 모듈수업 준비와 역량 결과물은 ECTS 3학점에 해당한다. 선택 모듈수업은 본래 2016년부터

제공한 '순환강의(Ringvorlesung)'로 지리학, 사회학, 종교교육, 학교교육학, 교직(생물학), 심리학, 정치학, 사회복지, 경제윤리 융합과정이다. 따라서 지속가능발전 심화전공을 이수하는 학생 외에 '독일-프랑스 통합 정치학'(석사과정), '관광학'(석사과정), 지리학 교직 이수 학생들은 수업 참여(ECTS 2학점)와 포트폴리오(ECTS 3학점) 제출로 학점을 인정받을 수 있다.

② 지속가능발전 연계 학과

KU의 17개 학사과정 가운데 지속가능성을 명시한 학과는 없다. 지속가능발전과 가장 밀접하게 연계된 학사과정은 '지리학(Bachelor of Science)'과 '라틴아메리카학(Bachelor of Science)'이다. KU는 2022학년도 겨울학기부터 '경제적 지속가능성과 사회적 책임'이라는 학사과정을 개설할 예정이다. 본 과정은 미래 수요 분석과 생산과 소비의 경제 목적을 다양한 사회관계자 관점과 경제 · 사회 법칙을 연계한 과정이다.

KU의 38개 석사과정 가운데 '지리학: 지속가능개발을 위한 교육'(Master of Arts, 4학기 과정)과 '관광학과 지속가능 지역개발: 매니지먼트와 지리학'(Master of Arts, 4학기 과정) 과정은 '지속가능발전'이라는 개념을 명백히 내세운 학위과정이다. 그 밖에 '망명, 이민, 사회'(Master of Arts, 4학기 과정)와 '지리학: 환경적 과정과 자연재해'(Master of Science, 4학기 과정) 과정이 지속가능발전과 내용상 밀접하게 관련되어 있다. 그 밖에 '독일-프랑스 통합 정치학' 석사과정에 지속가능발전 요소를 포함시켰다.

③ 교원연수

KU는 2018년부터 대학 교원의 인적개발에 적합한 교원연수와 상담을 시행하고 있다. 2019년부터 지속가능 영역에 관한 교원연수를 기획했다. '지속가능발전교육에 관한 교원연수(Fortbildungen in Bildung für nachhaltige Entwicklung)'라고 명명한 대학 교원들의 자격 모듈은 기본 모듈 AE[3] 10학점, 심화 AE 10학점, 코칭 AE 4학점 이수 기회를 제공하고 있다. 그 밖에 지속가능발전에 관한 세미나 교원들을 위해 전일 또는 반일 연수를 제공하고 있다. 또한, 다양한 교육 방법론 등 실용적 방법을 제시하고 있다.

④ 계속 교육

2012년부터 KU의 '종교교육 및 교회교육사업(Religionspädagogik und Kirchliche Bildungsarbeit)' 학과에서 주최하고 있는 직업지도 관련 계속 교육은 바이에른주의 가톨릭 학교와 긴밀하게 연계하여 진행되고 있었다. 대학 지식의 지속가능성 이행으로 KU의 '계속 교육(Weiterbildung)'은 그리스도적 인간형상과 지속할 수 있는 세계를 구축하는 가톨릭 초중등학교의 프로필을 형성하는 방향으로 발전하고 있다. 가톨릭 초중등학교 역시 현시대에 대응하기 위해 많은 변혁을 이루고 있다(Bieberstein, Nothaft, Staudigl, 2019). 이러한 배경에서 KU 계속 교육의 기반은 지속가능발전교육 관점에서 통합된 마르히탈 계획(Marchtaler Plans) 교육학이다. 바이에른

3) 확대교육과정(Erweiterungscurriculums, 이하 "EC")은 융합 교육과정으로, ECTS 학점 단위로 구성된 다른 학과 또는 타전공의 수업을 조합한 소단위 전공이라 할 수 있다. 예를 들어 철학과 학생이 EC '윤리학'을 이수하고자 한다면 각각 ECTS 5학점에 해당하는 '강의: 실천철학', '강의: 윤리학' 또는 '응용 윤리학', '세미나: 정치, 사회철학'을 이수해야 한다. 학과와 학교마다 다르지만, 대다수 학사과정 학생에게 대학은 EC 대신에 대안적 확대교육과정("Alternative Erweiterungen", 이하 "AE")을 선택할 기회를 준다. AE에 분류되는 과목을 선택하여 ECTS 15학점을 대체 이수하여 졸업할 수 있다. 예를 들어 철학과 졸업에 EC 30학점이 요구된다면 윤리학 EC(15 ECTS 학점)를 이수한 철학과 학생은 나머지 15 ECTS 학점에 해당하는 다른 EC 또는 'Alternative Erweiterungen (AE)'을 통해 이수할 수 있다. 예를 들어 EC 대신 철학과 전공 수업 ECTS 5학점, 국문학과 전공 수업 ECTS 5학점, 교양교육원의 영어와 라틴어 수업(총 ECTS 5학점)을 선택할 수 있다.

주 가톨릭 초중등학교의 지속가능한 활동을 다양화하는 방향으로 발전하고 있다.

종교교육 및 교회교육 사업학과의 사빈 비버슈타인(Sabine Bieberstein) 교수와 시모네 비어켈(Simone Birkel) 박사, 마리아 바르트 레알슐레 아이슈테트(Maria-Ward-Realschule Eichstaett) 교사(Studienrat[4])의 주재하에 진행되고 있다. 따라서 KU 대학교수진, 마르히탈 계획학교의 경험 많은 교사진, 그 밖에 전문가들과 디지털 학습 플랫폼을 통해 운영되고 있다. 1년 과정의 자격증 과정 코스로, 주로 대학 주변 도시들의 교사진이 참석하고 있으며 2021년도에는 24명의 교사가 본 과정을 수료했다.

4) 직업이 아닌 교사 관료를 지칭하는 공식 관직명으로, 독일 교사직에서 최상위 직위

참고문헌

김동조, 〈독일사회가 생각하는 지구촌 시대의 기억문화와 인권교육: 보편주의적 윤리를 중심으로〉, 《유럽연구》 39(4), 2021, 35-57.

김우진, 〈대학 인성교육 프로그램과 가치공동체 복원〉, 《동아인문학》 50, 2020, 367-392.

서정일, 〈자율적 주체를 위한 인문 정신의 구현으로서의 교양(Bildung)〉, 《독어교육》 74, 2019, 279-299.

Bieberstein, S., Nothaft, P. & Staudigl, B. (2019), Hoffnungsraum Schule. Perspektiven fur eine profilierte Entwicklung katholischer Schulen, Ostfildern. http://edoc.ku-eichstaett.de/23295/.

BMBF (2020a), Anwendung des hochschulspezifischen Nachhaltigkeitskodex – ein Weg zur Nachhaltigkeitsberichterstattung an Hochschulen. Retrieved February 01, 2022, from https://www.hochn.uni-hamburg.de/-downloads/handlungsfelder/nhb/hoch-n-leitfaden-nachhaltigkeitsberichterstattung-an-hochschulen.pdf

_____ (2020b), Zwischenbilanz zum Nationalen Aktionsplan Bildung für nachhaltige Entwicklung. Retrieved February 01, 2022, from https://www.bne-portal.de/bne/shareddocs/downloads/files/zwischenbilanz_nap_bne_1.pdf;jsessionid=DDD8D6C7F65EB4F9BA1CAC5EAEFF2D60.live471?__blob=publicationFile&v=1.

Catholic University of Eichstet-Ingolstadt. (n.d.). Nachhaltigkeitsbericht, Retrieved February 01, 2022, from https://www.ku.de/unileben/nachhaltige-ku/nachhaltigkeitsbericht.

EMAS (2013), Greening the Campus with EMAS. Retrieved February 2, 2022, from https://ec.europa.eu/environment/emas/pdf/factsheets/GreenCampus.pdf.

European Union (2015), ECTS users' guide 2015. Retrieved February 2, 2022, from https://op.europa.eu/en/publication-detail/-/publication/da7467e6-8450-11e5-b8b7-01aa75ed71a1.

FairElnt (n.d.), Konzepte fuer eine Nachhaltige Regionalentwicklung Eichstaetts. Retrieved February 2, 2022, from https://faireint-eichstaett.de/konzepte.

German Institute for Human Rights (n.d.), Bildungsmaterialien. https://www.institut-fuer-menschenrechte.de/themen/menschenrechtsbildung/bildungsmaterialien#c1426.

HRK (n.d.), Hochschulrektorenkonferenz. Retrieved February 2, 2022, from https://www.hrk.de/presse/pressemitteilungen/pressemitteilung/meldung/hrk-empfehlung-fuer-eine-kultur-der-nachhaltigkeit-an-hochschulen-4452/.

ICCAR (n.d.), European Coalition of Cities against racism. Retrieved February 2, 2022, from https://www.eccar.info/en/members

KMK (2014), Erinnern für die Zukunft: Empfehlungen zur Erinnerungskultur als Gegenstand historisch-politischer Bildung in der Schule. https://www.kmk.org/fileadmin/Dateien/veroeffentlichungen_beschluesse/2014/2014_12_11-Erinnern_fuer-die-Zukunft.pdf.

_____ (2018), Menschenrechtsbildung in der Schule. Retrieved February 2, 2022, from https://www.kmk.org/fileadmin/Dateien/pdf/PresseUndAktuelles/2018/Beschluss_Menschenrechtserziehung.pdf.

Textor, Martin R. (1999), Bildung, Erziehung, Betreuung. In Unsere Jugend 1999, 51 (12), S. 527-533; mit freundlicher Genehmigung des Ernst Reinhardt Verlages, München/Basel

UNESCO (2020), Education for sustainable development: a roadmap. 정혜령 옮김 (2021). 유네스코한국위원회. Retrieved February 01, 2022, from https://unesdoc.unesco.org/ark:/48223/pf0000374802.locale=en.

_____ (1974), Empfehlungs ueber Erziehung fuer internationale Verstaendigung, Zusammenarbeot und Grieden sowie Erziehung bezueglich der Menschenrechte und Grundfreiheiten. https://www.unesco.de/sites/default/files/2018-03/1974_Empfehlung_%C3%BCber_Erziehung_f%C3%BCr_internationale_Verst%C3%A4ndigung.pdf.

UNESCO Deutsche-Kommission (n.d.), Hochwertige Bildung. Retrieved February 01, 2022, from https://www.unesco.de/bildung/hochwertige-bildung.

United Nations (2015), Transforming our world: the 2030 Agenda for Sustainable Development. Resolution adopted by the General Assembly, Retrieved February 01, 2022, from http://www.un.org/ga/search/view_doc.asp?symbol=A/RES/70/l&Lang=E.

von Weizsacker, E. U., Wijkman, A. (2017), Wir sind dran. Club of Rome: Der große Bericht. Gütersloher Verlagshaus.

Wals, A. (2009), United Nations Decade of Education for Sustainable Development (DESD, 2005-2014): Review of Contexts and Structures for Education for Sustainable Development. UNESCO.

Xochellis, P. (1973), Pädagogik oder Erziehungswissenschaft? Die wissenschaftstheo retischeProblematik der gegenwärtigen Pädagogik. München: Goldmann.

7장[1)]

넘나들기:
새 시대 고등교육에서의 인성교육

인성에서 시민의식으로

—

랜팅 왕(Lanting Wang), 오바이둘 하미드(M. Obaidul Hamid)

서론

"교육은 인간을 윤리적으로 만드는 기술이다."

- 게오르크 빌헬름 프리드리히 헤겔

스미스(1976)는 "교육이 인간을 윤리적으로 만드는 기술"이라는 독일 철학자 헤겔의 견해에 반응하여 "사회의 기초는 진정성 있고 충분히 근거가 있는 도덕에 기초해야 한다"고 주장한다. 역사를 통틀어 교육의 최종 목표는 학생들 사이에 좋은 인성을 형성하고 좋은 시민을 만드

1) 이 글은 영문으로 작성된 국외 저자의 원고를 우리말로 번역한 것으로, 원문은 다음 장에 게재했다.

는 것이었다(Arthur, 2005). 윤리적 시민의식 함양에 대한 희망은 인성교육의 이념적 원동력으로 작용한다. 21세기 지구촌 사회는 인류의 건강하고 지속가능한 존속을 위협하는 사회적 · 도덕적 위기로 가득 차 있다. 대체로 이러한 위기는 도덕적 결함에 기인할 수 있다. 경제 및 기술 발전의 기여도는 측량할 수 없었지만, 이러한 발전은 가치 갈등으로 이어져 도덕적 타락을 초래하여(Clemente, 2019) 사람들을 더욱 자기중심적이고 자유롭지 못하며 기계처럼 만들었다. 지식, 아는 것, 진리를 추구하는 인간의 영역에서 도덕적 타락이 눈에 띄었다. 진실은 이른바 "탈진실"(Bufacchi, 2021; Kalpokas, 2019)에 우선권을 내주고 호소력을 잃어가는 것 같다. 만연한 도덕적 퇴폐는 약물, 우울증, 자살, 폭력 및 중대 범죄와 연관되어 현대사회를 당혹스럽게 하는 다양한 부도덕한 행동을 통해 표현되며, 이 모두는 사회에서 양호한 시민의식에 대한 욕구에 도전을 제기한다. 윤리적 시민의식을 기르고자 하는 희망과 부도덕한 행동에 대한 두려움이 끊임없이 변화하고 있다. 그것들은 "제도적 지리를 통해, 그리고 가장 강력하게 교육을 통해 공간화"된다(Mills, 2021: 11).

현대사회는 가치와 관련된 측면을 배제하고, 물질주의적 목표와 결과에 초점을 맞추는 신자유주의 만트라(Roman, Valentin, & Nina, 2018)에 특권을 주었다. 상업화와 사유화라는 신자유주의적 전략은 사회적 불평등을 심화시켰고, 이는 자본주의 세계의 전 지구적 현실로 떠올랐으며(Picketty, 2014), 점점 더 인간이 살아가는 기반을 잠식하고 있다. 신자유주의 정책 추구의 다양한 결과를 다루기 위해 취해진 대부분의 조치는 이러한 문제를 발생시키는 근본적인 원인을 해결하지 못하기 때문에 일반적으로 불충분하다고 간주된다. 현대 교육 시스템이 이른바 지식 및 기술 주도 경제에서 도덕적 측면을 무시하면서 인지 및 지적 향상을 지나치게 강조했기 때문에 인성교육은 현대 교육 시스템에서 약한 고리가 되었다(Kenan, 2009). 코로나19 대유행은 디지털 격차를 포함한 다양한 격차와 그 격차들의 교육에 대한 영향을 더욱 노출시키고, 국민국가 안팎의 갈등을 심화시켜 교육 문제에 대한 신자유주의적 해결책에 의문을 제기함으로써 "양호한 교육"의 개념을 재정의하고 다양한 사회경제적 · 정치문화적 문제를 해결하기 위해 물질적 발전과 영적 가치 사이의 균형을 안정시켜야 할 시급한 필요성을 강조했다. 이러한 균형은 개인이 '좋은 것'과 '나쁜 것'을 구별하고 집단적 의미에서 인간 복지에 필수적인 좋은 인성을 내면화할 수 있을 것이다. 이 요구에 대한 응답으로 최근 수십 년 동안 인성교육에 대한 관심이 부활하고 있으며(Bates, 2019), 이는 인성교육 의제의 귀환으로 표현된다. 인성교육의 대부분 주안점이 어린이와 청소년에게 초점이 맞춰져 있는 반면, 학생들을 미래의 시민으로 만드는 중요한 과도기인 고등교육의 경우는 거의 다루어지지 않았다. 또한 궁극적인 목표의 바람직함에 대한 기본적인 합의가 무엇이든, 무엇이 인성교육으로 간주되는지, 인성교육의 목적은 무엇이며, 그 목적을 달성하기 위해 무엇을 해야 하는지의 견지에서 인성교육의 책임범위에 대해 논란이 있었다(Mills, 2021).

인성교육의 개념

인성교육은 일반적으로 "공식적 및 비공식적 학습 활동을 통해 교육의 모든 수준에서 학생들의 바람직한 인성 특성을 육성하기 위한 특정한 접근 방법"으로 이해된다. 그러나 인성교육은 서로 다른 관점에서 다른 방식으로 정의되어왔다. 예를 들어 몇 가지만 말하자면, 도덕 또는 가치관 교육(Arthur, 2005)에 대한 접근 방법뿐 아니라 도덕적이고 양호한 가치관을 육성하여 인성을 심어주는 과정(Engelen, Thomas, Archer, & Van de Ven, 2018)으로 이해된다. 인성교육은 범위가 더 넓고, 인성교육을 구성하는 것이 무엇인지에 대해서는 덜 구체적인 도덕 및 가치관 교육의 개념과 밀접하게 관련되어 있다(Arthur, 2005). 인성은 일반적으로 우리의 행동을 안내하고 우리가 누구이며 누구에게 의지할 것인지 정의하는 서로 맞물린 일련의 개인적 가치관을 나타낸다(Arthur, 2005). 세 가지 분리되지 않은 도덕적 측면, 즉 도덕적 지식, 도덕적 느낌 및 도덕적 태도로 구성된다(Lickona, 1991). 인성이 실제 행동으로 옮겨질 때는 '가치관'이라고 한다(Lickona, 2004). 미덕은 인간 생활의 특정 영역에서 도덕적으로 칭찬받는 행동과 관련된 정착된 인성의 특성이다(Harrison & Bawden, 2016). 미묘한 차이에도 불구하고 교육 담론에서 인성교육, 도덕교육, 가치관 교육이라는 세 가지 용어는 덕목교육과 종종 호환된다. 인성을 구성하는 가치관은 확정되어 있지 않고 수정될 수 있다는 데 주목해야 한다(Arthur, 2005). 가치관의 역동적인 특성은 지속적인 인성교육을 통해 도덕적인 시민을 양성한다는 가능성을 보인다. 한편, 측정하기 어려운 특징과 개인 간, 사회 전반에 걸쳐 이질적인 성향과 함께 가치관의 역동적인 특성이 내용과 접근 방법의 선택의 측면에서 인성교육에 도전 과제를 제기한다.

고등교육에서 시민의식을 위한 인성교육

연구에 따르면 가치관 기반 지식과 기량은 학생의 학업 성취도와 사회적 · 정서적 발달을 향상시킬 뿐 아니라(Lovat, 2017) 직면한 도전에 더 잘 대처할 수 있도록 힘을 주어 웰빙에 기여한다(Maphalala & Mpofu, 2018). 대부분 성인인 대학생은 일반적으로 어린 학생들보다 도덕적 차원에서 더 완전히 발달해 있지만, 발달 변수가 교육 성취도보다 연령과 덜 상관관계가 있는 것처럼 보이기 때문에 반드시 그런 것은 아니다(Colby, 2008). 따라서 대학생의 가치관, 목표, 태도를 포함하는 도덕적 성향은 여전히 개선될 여지가 무궁무진하다. 이러한 변화는 대학 졸업 후에도 지속된다. 콜비(Colby)는 또한 학생들이 지식을 습득할 뿐만 아니라 그 지식을 사용하여 책임감 있게 행동할 수 있을 때까지는 교육이 완료되지 않는다고 주장한다. 그러나 인문학을 과소평가하는 협소한 직업 준비에 의해 뒷받침되는 이른바 '교육산업'은 효율성과 경제적 책임성의 길로 점점 더 많이 이동했다. 이로 인해 윤리적 및 도덕적 차원을 위한 공간이 좁아졌고, "사려 깊고 참여도가 높은 시민과 청렴과 도덕적 지혜를 가진 사람"을 준비하는 고등교육의 능력이 약화될 가능성이 있다(Colby, 2008: 382). 콜비(2008)는 고등교육이 훌륭한 성품이나 덕을 지닌 책임감 있는 시민이 될 졸업생을 지원하는 것이라면 "세상에서 행동할 수 있는 역량과 현명하게 행동할 수 있는 판단력에 대한 전모"가 포함되어야 한다고 주장한다(p. 368). 이러한 역량은 직업적 역량을 훨씬 뛰어넘어 판단력, 목적과 수단의 평가, 그리고 "자신의 행동과 선택의 광범위한 의미와 결과"에 대한 고려를 포함하며(p. 368), 소외된 인성교육을 모든 연구 분야에 끼워 넣겠다는 새로운 약속을 요구한다(Colby, 2008). 고등교육에서 도덕적 · 시민적 가치관을 육성하자는 제안은 무엇이 인성교육을 구성하는지, 그 목적은 무엇이며 이질적인 사회 내에서 그 목적을 달성하기 위해 무엇을 해야 하는지에 관한 근본적이지만 잠재적으로 논쟁의 여지가 있는 일련의 질문을 제기한다.

일부 학자들은 시민의식의 도덕적 뿌리를 고려하여 인성교육과 시민의식 교육 사이의 복잡하고 미묘한 관계를 강조했지만(Carr, 2006), 다른 학자들은 두 개념 사이에 인식된 유사성을 과장하지 않도록 경고하는 경향이 있거나(Osler, 2016) 그들 사이의 명확한 구분을 제안한다(Jerome & Kisby, 2019). 예를 들면, 오슬러(Osler, 2016)는 "인성교육이 도덕적 차원과 개인에 관한 것인 반면, 시민의식 교육은 집단적 선을 강조하고 도덕적 · 정치적 차원을 모두 가지고 있다"고 지적한다. 제롬과 키스비(Jerome & Kisby, 2019)는 "인성교육의 개인주의적 · 도덕적 초점이 우리를 사회의 구성요소로서 복잡하고 분열적인 문제에 참여시키는 인간의 사회적 본성을 인식하지 못한다"고 주장하면서 인성교육보다는 시민의식 교육을 강력하게 옹호한다. 그들에게 인성교육은 좋은 사람과 좋은 시민을 동일시하는 경향이 있기 때문에 "이론과 실천 모두에서 심각한 결함이 있는 것으로 가장 잘 간주된다"(p. 3).

이 장에서 우리는 인성교육과 시민의식 교육 사이의 관계에 대한 포괄적이고 비판적인 견해를 주장한다. 전반적으로는 인성교육을 시민교육의 관문이자 필수적인 부분으로 이해한다. 또한 고등교육을 "인성이 시민의식으로 변모하는 곳, 즉 대학생이 훌륭한 인성을 지닌 개인에서 자격을 갖춘 미래 시민으로 변모하는 곳"으로 간주한다. 따라서 우리는 두 개념 사이의 강력한 연결을 인정하고, 시민의식이 도덕적 성격에 뿌리를 두고 있으며, 도덕적 성격의 산물이라고 주장한다. 동시에 우리는 그들 사이의 미묘한 차이에 대해서도 조심스럽다. 예를 들면 개인의 도덕적 속성은 인성교육과 연결되어 있는 반면, 집합적 정치적 속성은 시민의식 교육과 연관된다(Osler, 2016). 개인의 미덕과 집단의 선을 결합한 이상적인 시민의식은 고등교육을 포함한 모든 단계에서 인성교육의 필수적인 이념적 근거로 기능한다.

도덕지리학: 인성에 대한 동양과 서양의 관점

가치관은 객관적이고 절대적이기보다는 주관적이고 상대적이며(Zajda, 2018), 가지각색의 사회적 맥락에 종속된다(Huitt, 2004). 무엇이 양호한 인성으로 간주되느냐는 질문에 대한 대답은 다소 논란의 여지가 있지만, "지리학적 상상력이 주입되고 이념으로 가득 차 있는 것"이다(Cresswell, 2005: 128). 연구는 동양과 서양 문화가 종종 국제 갈등을 일으키는 두 가지 상반된 삶의 철학으로 간주되는 시간적 · 공간적 맥락에 걸쳐 도덕적 지리를 조사했다. 우리는 단순화와 다소 고정관념의 위험을 무릅쓰고 동양과 서양 사회의 문화적 토대의 조사를 도덕적 지리학의 문화적 뿌리에 대한 공들임으로 간주한다. 전통적인 동양과 서양 세계관의 문화적 토대는 대체로 양립할 수 없어서 동양과 서양 사회에 만연한 독특한 사고, 태도 및 행동 패턴을 초래하는 것으로 간주된다(Memmi, 2017). 멤미(Memmi, 2017)에 따르면 '서양'은 주로 서유럽과 그 문화적 분파를 대표하는 반면, '동양'은 주로 중국과 일본, 한국과 같이 중국 문화의 영향을 많이 받는 국가를 나타낸다. 그는 동서양 사회의 문화적 가정을 자세히 조사한다. 그가 인정하는 바와 같이, 그리스 철학과 성서적 신념은 서양 사상의 틀을 제공하는 반면, 동아시아 세계관의 기초는 일반적으로 유교의 영향을 크게 받은 유교 및 도교, 불교 철학의 관점에서 중국 고전에서 파생된다. 또한 서구 세계관은 명시적 법칙이 있는 신이 창조한 우주를 특징으로 하는 반면, 동아시아 관점에서는 암묵적이고 준유기적 질서가 우세하다. 이러한 이데올로기적 차이는 뚜렷이 다른 개인적 태도를 초래한다. 서양은 신의 섭리에 대한 개인적 탐구가 지배적인 반면, 동양은 사회적 · 자연적 조화 또는 순응을 추구한다. 종종 종교적 · 정치적 논쟁이 수반되고, 상당히 독단적이고 편협하며, 분석과 연역적 추론을 가장 중요하게 여기는 서양 도덕은 좀 더 유연하고 관대하고 유동적이며 세계에 대한 전체론적 태도를 옹호하고 상황을 전체적으로 인식하며 구성요소에 대한 분석을 피하는 동양의 도덕적 · 사회적 태도와 극명한 대조를 이룬다.

무엇이 양호한 가치관으로 간주되는지에 대한 합의가 없음에도 동서양 문화는 명확한 경계를 가지고 전혀 양립할 수 없는 것이 아니기 때문에 동서양 문화의 긴장이 지나치게 강조되어서는 안 된다. 동서양의 영적 · 철학적 · 과학적 교류 과정에서는 차이점보다 공통의 유산이 더 많이 드러났다(Memmi, 2017). 더욱이 유연성과 역동적 경향 같은 동양 세계관의 일부 특징은 독단주의와 편협이라는 전염병으로 너무 자주 고통받는 서양 문화에도 매력적이다(Memmi, 2017).

다원사회에서 법이 어떻게 가능한지에 대한 선슈타인(Sunstein, 1994)의 분석에서 통찰력을 끌어내어 이질적인 사회들의 인성교육에서 육성되어야 할 핵심 가치에 대한 "불완전하게 이론화된 동의"는 기본 원칙에 대한 동의 없이도 도달할 수 있다. 몇 가지 기본 가치관에 의해 형성된 공통 기반은 고등교육기관이 학생의 미덕과 시민의식을 육성하려는 노력을 안내할 수 있다(Colby, 2008). 콜비(2008)의 연구에서처럼 지적 성실성, 진실에 대한 관심, 학문적 자유, 절차적 공정성, 개인 및 집단 권리와 웰빙에 대한 관심, 상호 존중 및 관용, 회복탄력성, 책임, 비판적 자기성찰 같은 일련의 공통적으로 인정되는 가치관들을 함양하는 것이 중요하다. 몇몇 다른 공통 핵심 가치관들은 제도적 문화와 책임 있는 민주적 시민의식뿐 아니라 리더십 및 사회에 기여를 위한 교육에 대한 헌신에서 파생될 수 있다(Colby, 2008). 그러나 그러한 불완전한 합의는 완전히 안정적이지 않으며, 행동주의적 방식으로 인성교육을 행동 개입과 동일시하는 함정에 빠지기 쉽다(Arthur, 2005).

인성교육을 위한 기존 전략에 대한 간략한 검토

본 연구는 교육자가 직면한 '기본적인 문제'를 해결하기 위해 인성교육을 위한 다양한 전략을 확인했다. 이러한 문제들은 인성교육을 육성하기 위해 무엇을 해야 하는지에 대한 질문으로 요약된다. 예를 들면, 슈퍼카, 아렌스, 헤드스트롬, 포드 및 존슨(Superka, Ahrens, Hedstrom, Ford, & Johnson, 1976)은 주입, 도덕 개발, 분석, 가치관 명료화 및 행동학습을 가치관 교육에 대한 다섯 가지 기본 접근 방법으로 식별했다. 이러한 접근 방법은 데미르한 이스칸(Demirhan Iscan, 2011)에 의해 추가로 조사되었다. 브래디(Brady, 2008)는 가치관 교육을 위한 네 가지 전략, 즉 특성 접근 방법, 가치관 명료화, 인지발달 접근 방법 및 역할극에 대해 논의한다. 다양한 가정에 의해 뒷받침되는 각각의 접근 방법은 인간 본성에 대한 특정 관점을 나타내며, 인성교육의 목적, 과정 및 방법을 포함한다(Huitt, 2004).

가치관 주입 접근 방법은 학생을 수동적인 수용자로 인식하는 인성교육 내에서 학생들에게 더욱 보편적 가치관을 주입하고 내면화하는 과정(Demirhan Iscan, 2011)으로 간주한다(Huitt, 2004). 이 접근 방법은 어떤 가치관은 논쟁의 여지가 없고, 변하지 않으며, 사회에서 동의하고, 모든 상황에 적합하다고 가정한다(Huitt, 2004). 이 가정은 "어떤 가치"와 "누가 그것을 결정하는가?"(Brady, 2008) 및 "그것들을 어떻게 정의할지"와 같은 질문을 제기한다. 세뇌 또는 주입은 가치관을 부여하려는 교사의 선택이지만, 대안을 제시하지 않은 채 학생들에게 "무엇을 해야 하는지"와 "해야 한다"고 말하는 것은 그들의 자유를 위협하고 주도성을 저해할 수 있다. 이러한 이유로 교사는 가치관 명료화 접근 방법이 요구하는 대로 학생들이 대안을 면밀히 조사하고 탐색할 수 있는 약간의 기회를 제공하는 것이 더 나을 것이다(Brady, 2008). 이러한 접근 방법은 외부 변수에 의존하지만(Huitt, 2004), 의미를 구성하는 학생의 적극적인 역할뿐 아니라 개인과 맥락에 걸친 이질성을 종종 눈감아준다.

가치관 명료화 접근 방법과 행동학습 접근 방법이라는 두 가지 다른 접근 방법은 학생들을 상황에 따른 사회적 상호작용을 통해 자신의 인성을 역동적으로 발전시키는 사회 구성원으로 취급한다. 가치관 명료화 접근 방법은 인간의 추론에 근거한다(Huitt, 2004b). 이는 인성교육을 학생들이 타당한 이유가 있는 대안들 사이에서 독립적인 도덕적 선택을 하고, 자신의 가치관을 다른 사람들과 공유하며, 각 대안의 결과에 대한 완전한 인식을 바탕으로 자신의 가치를 실현하는 자기실현의 과정으로 본다(Demirhan Iscan, 2011). 가치관의 상대성과 의미 있는 맥락에서 가치관을 명확히 해야 할 필요성, 그리고 그 과정에서 학생의 주도적 역할을 인식하는 접근 방법은 자신과 주변 사람들이 보유하고 있는 다양한 가치관에 대한 학생들의 인식을 촉진하고 가치관에 대한 대인 간 의사소통을 권장하며 가치관에 대한 질문을 조사하기 위해 논리적 사고와 정서적 인식을 사용하는 학생들의 능력을 향상시키고자 한다(Brady, 2008). 가치관 명료화 접근 방법과 비교하여 행동학습 접근 방법은 사회적 맥락 없이는 가치관을 기술하거나 설명할 수 없는 가치의 본질적인 원천으로서 사회적 맥락을 강조한다(Huitt, 2004).

도덕 개발 접근 방법, 분석적 접근 방법 및 비판적 사고 접근 방법은 세 가지 상호 연관된 접근 방법이다. 각각은 도덕적 추론 기술의 중요성을 인정하지만, 그들 사이에는 약간 미묘한 차이가 있다. 도덕 발달 접근 방법은 개인이 현재 단계에서 다음의 더 높은 단계로 점진적으로 도덕적 판단을 발전시킨다는 가정에 뒷받침된다(Huitt, 2004). 개인의 도덕적 딜레마에 초점을 맞추고, 학생들이 타당한 이유가 있는 도덕적 선택을 하도록 안내하기 위해 구조화되고 논쟁의 여지가 있는 도덕적 딜레마를 그룹 토론에 도입하는 것을 제안한다(Huitt, 2004). 논리적 및 경험적 과정을 기반으로 구성된 분석적 접근 방법(Huitt, 2004)은 주로 사회적 가치관에 중점을 두고(Huitt, 2004), 학생들이 가치 관련 문제를 다루기 위해 논리적 사고와 과학적 탐구를 사용하도록 촉진하기 위해 합리적인 사고와 추론을 강조한다.

위에서 논의된 모델들은 일반적으로 '목적' 또는 '수단-목적'으로 특징지어지는 내용 중심 패턴에 속한다. 그러나 인성교육에 긴요한 것은 '무엇'(내용)이 아니라 '어떻게'(수단)다(Brady, 2008). 브래디(2008)는 인성교육의 기초가 되는 '무엇'의 중요성을 간과하지 않고 '수레를 몰고가는 말'

을 비유로 사용하여 목적보다 수단에 더 많은 관심을 기울일 것을 제안한다. 그는 내용과 학습 전략 간의 상호작용 관계를 다루기 위한 포괄적인 고려를 주장한다. 이러한 목적 지향 모델들과 대조적으로 비판적 사고는 목표에 초점을 맞추기보다 사용된 수단에 더 많은 중요성을 부여한다(Demirhan Iscan, 2011). 이러한 차이에도 불구하고 비판적 사고는 도덕발달 접근 방법 및 분석적 접근 방법과 몇 가지 특성을 공유한다. 예를 들어, 분석과 비교를 주요 도구로 사용한다. 또한 데미르한 이스칸(2011)은 비판적 사고 접근 방법과 도덕적 개발 접근 방법 모두를 a) 인지 기술 지향적이고, b) 가치관을 분석하고 전달하는 데 중점을 두며, c) 인성교육을 위한 교육적 전략을 포함하는 것으로 식별한다.

고등교육에서의 인성교육을 위한 혁신적이고 종합적인 전략

앞에서 논의된 접근 방법들은 모든 교육 수준의 교육자가 인성교육에 적합한 전략을 구성할 수 있는 통찰력을 제공한다. 개인주의적 · 도덕적 초점을 지닌 가치관 명확화와 도덕적 추론은 합리적인 사회적 행동을 생성하기 위한 기초를 형성하기 때문에 인성교육에 매우 중요하지만, 제롬과 키스비(2019)가 인정하는 것처럼 우리가 사회 구성원으로서 어렵고 분열적인 문제에 어떻게 참여하는지에 대한 요점을 놓치고 있다. 따라서 제롬과 키스비(2019)는 "이러한 문제를 개인의 문제로만 취급해서는 안 되며, 결정적으로는 시민의식 교육의 광범위한 프로젝트의 일부

인 집단적, 공공 문제로 취급해야 한다"고 경고한다. 그러나 그들은 개인의 도덕 문제에 대한 토론을 공적 영역으로 확장하여 "민주주의 사회가 어떻게 기능하고, 이를 유지하는 데 있어 시민이 해야 할 역할"에 대한 학생들의 이해를 개발함으로써 시민의식 교육을 위한 낙관적 출발점으로서 개인주의적 · 도덕적 초점을 제안한다(p. 121). 부분적으로 인성교육에 대한 접근 방법의 다양성과 이들 간의 중복 및 불일치로 인해 유형 분류 체계에서 덜 중요한 접근 방법을 제거하고 몇 가지 접근 방법을 하나로 통합할 필요가 있다(Demirhan Iscan, 2011). 우리는 인성교육을 시민의식 함양의 일부로 활용한다는 주장에 초점을 두고, 대학생들의 다양하고 상대적으로 안정된 인성을 고려하여 고등교육에서의 인성교육에 대한 두 가지 주요 접근 방법으로 비판적 접근 방법과 협상적 접근 방법을 제시한다.

비판적 접근 방법

비판적 사고는 특히 정보 폭발 시대에 우리 삶의 모든 측면에서 강조되어야 한다. 인성교육은 탐구 기반 접근 방법 및 구성주의적 학습 및 가르침과 함께 잘 작동할 수 있다(Zajda, 2018). 비판적 접근 방법은 학생들이 비교 발상 및 분석 도구를 사용하여 자신의 가치관을 점진적으로 반영 및 발전시키고, 도덕적 판단을 내리며, 가치관 관련 문제를 다루도록 촉진하기 위해 가치관 교육을 향한 과정과 수단에 중점을 둔다. 추론, 가정의 인식, 연역, 해석 및 논거 평가(Magno, 2010)의 다섯 가지 요소로 특징지어지는 비판적 사고는 학생들에게 평가 및 분석 같은 고차원적 사고 기능에 참여하도록 요구한다(McComas & Abraham, 2004). 교사는 학생들을 가치관 탐구의 중요한 영역으로 이동시키고, 그들이 비판적 사고자가 되도록 도와야 한다(Pendergast & Bahr, 2010). 비판적 접근 방법을 채택하는 인성교육에는 유리한 가치판단적 학습자료 선택, 학생의 현재 가치관 지향 식별, 질문 제기, 그룹 토론, 활동 종료 및 학생 응답 문서화 같은 활동이 포함될 수 있다. 그 과정에서 교사는 학생들이 학습자료에 내포된 가치 차원에 대해 솔직하게 말하게 하고, 그것을 특정한 맥락과 연관시켜 그에 기반하여 개인적 아이디어를 생성하고 공유하도록 지원해야 한다. 비판적 사고의 가르침은 질문으로 시작해야 한다(McComas & Abraham, 2004). 진입 시점에서 대학생들이 보유하고 있는 차별화된 가치관과 연계하여 중요한 질문은 무엇 대신 '어떻게', '왜', '그래서 뭐?', '그렇다면 어쩌지'를 강조해야 한다. 이러한 접근 방법을 적절하게 적용하면 학생들의 통찰력 있는 아이디어를 자극하여 독창적인 가정에 도전하고, 자신의 가치관 경향을 보여줄 수 있다. 그러나 비판적 · 고차원적 사고는 학생들이 독창적 내용에 내재된 가치관 또는 이념에 대한 깊은 이해를 얻었다는 전제에 기반한다는 점에 주목해야 한다(Pendergast & Bahr, 2010).

유밍한 이점에도 불구하고 비판적 관행이 종종 워크시트 및 수업 계획을 사용하는 요구 사항과 모순될 수 있는 새로운 전략 및 활동을 포함하기 때문에 비판적 관행을 도입하는 '위험'에 유의해야 한다(Pendergast & Bahr, 2010). 더욱이, 비판적 접근 방법은 텍스트가 육성해야 하는 것과 일치하지 않는 특정 가치관에 대한 학생들의 인식을 생성할 수 있다. 비판적 접근 방법을 사용할 때 학생들의 다양한 반응을 다루기 위해 적응형 교수법을 구현하는 것이 특히 중요하다. 특히 젠더 편견, 인종 같은 민감한 주제를 언급하는 경우 가능한 한 갈등을 최소화하기 위해 세심한 설계와 시기적절한 지원이 필요하다.

협상된 접근 방법

하나의 맥락에서 한 개인이 바람직하다고 인식하는 가치가 다른 맥락에서 다른 개인이 그 가치와 모순되거나 심지어 반대하는 것이 일반적이다. 우리 자신의 가치가 무엇이든 간에 다른 사람들과 관련되는 것을 피할 수 없고, 그것이 대인관계 갈등이나 공공 영역에 저촉할 때는 심지어 정치적 갈등을 일으킬 수 있다. 대학생들은 자신만의 비판을 통해 가치에 대한 토론 참여의 기회를 제공할 뿐 아니라 차이를 무시하는 학생들, 특히 교수자와 가치관이 다른 학생의 참여의 철회 혹은 참여로 인한 갈등 유발을 초래할 수도 있다(Pendergast & Bahr, 2010). 이는 다른 사람들에게 그것을 강요하려고 하기보다는 수용 가능한 해결책을 협상할 필요성을 수반한다. 콜비(2008)는 이전 연구를 기반으로 대학에 다니는 동안 도덕적 · 시민적 기능의 완전하고 지속적인 개발에 중요한 세 가지 주요 역량 클러스터를 설명한다. 첫 번째 주요 영역은 복잡한 문제와 제도에 대한 도덕적 · 시민적 이해와 무엇이 옳은지에 대한 윤리적이고 민주적인 원칙에 대한 정교한 파악을 말한다. 두 번째는 옳은 일을 하려는 동기에 관한 것이고, 마지막은 실제 실천 영역을 나타낸다. 콜비(2008)의 아이디어에 비추어볼 때 협상된 접근 방법은 존중하는 상호 이해를 촉진하고, 학생들이 자신의 가치관 체계와 인성을 변화시키며, 자신의 관행에서 합리적이고 수용 가능한 도덕적 판단을 내리도록 동기를 부여할 것으로 기대된다.

도덕적 상대주의에 의해 뒷받침되는 이러한 접근 방법은 학생들의 적극적인 참여를 강조하는 가치관 명료화(Brady, 2008; Demirhan Iscan, 2011)와 가치 관련 문제를 다루는 데 있어 사회적 맥락과 대인관계 상호작용의 중요성을 인식하는 행동학습 접근 방법과 양립할 수 있다(Huitt, 2004b). 협상된 접근 방법은 우리의 의견에 대한 다른 사람의 해석과 어떻게 가장 유리한 방식으로 그들에게 호소할 수 있는지 고려할 것을 요구하는 민주적인 숙고를 장려한다. 또한 다른 사람들의 의견과 그 근저를 이루는 도덕적 토대를 경청하고 더 잘 이해하도록 지시한다(Chappell, 2012).

협상된 교실에서 교사는 참여를 촉진하기 위해 개방형 및 체험적 질문을 함으로써 촉진자 역할을 해야 한다. 학생들은 수동적으로 정보를 받는 사람이 아니라 학습 여정에 헌신하도록 장려되는 능동적인 참가자다. 교사는 활동을 나열하고, 우선순위를 지정하고, 순위를 지정하거나 분류하는 것을 통해 특정 문제에 대한 아이디어를 표현하도록 학생들에게 영감을 준다(Brady, 2008). 이 과정에서 각 학생은 타당한 이유와 함께 자신의 선택을 공유하도록 권장된다. 또한 교사는 학생과 교과 과정을 협상하고, '무엇'을 '어떻게' 탐색할지에 대한 의사 결정에 학생의 목소리를 활용할 수 있다(Pendergast & Bahr, 2010). 이처럼 널리 옹호되는 민주주의의 가치를 협상 과정에서 구현하는 것 자체가 가치관 교육의 자원이 될 수 있다. 교사의 경우에는 협상 과정에서 발생하는 가치관 견지에서의 복잡성과 다양성이 의사 결정에 영향을 미칠 수 있다. 학생들의 경우에는 교실 의사결정에 참여할 수 있도록 허용되는 것이 그들의 통제력이나 주인의식을 촉진하여 학습 결과를 향상시킬 수 있다(Duchesne & McMaugh, 2016).

도덕적 토론에 대한 변형된 평가로서의 협상 접근 방식은 공공 가치의 복잡성을 인식하고 상호 이해와 화해의 가능성을 열어준다(Jerome & Kisby, 2019). 개인이 가진 가치관을 명확히 하고, 대화를 촉진하며, 갈등을 줄이는 데 도움이 될 수 있다. 그러나 이러한 장점에도 불구하고 이 접근 방법에는 함정이 있다. 예를 들면, 협상을 과도하게 사용하면 수업 준비를 방해하고 학생들이 길을 잃은 느낌을 갖게 하여 혼란을 줄 수 있다. 따라서 교사는 학생 협상의 수준에 주의를 기울여야 한다(Pendergast & Bahr, 2010). 균형 잡힌 수준의 협상은 학생들의 학습 경험에 맞아야 하며, 교육과정의 변화하는 상황에 적응해야 한다. 이러한 의미에서 교사는 교사 주도의 교수법과 학생과 협상된 교수법 사이를 왔다 갔다 할 준비가 되어 있어야 한다. 교사의 태도와 행동이 학생의 가치관에 큰 영향을 미치기 때문에 각각의 접근 방법은 교사가 설파한 가치와 성향에 대한 롤 모델이 되어야 가장 잘 작동할 수 있다는 점에 주목해야 한다(Pendergast & Bahr, 2010). 또한 대학생들 사이의 복잡성과 이질성을 고려할 때 어떤 접근 방식도 그 자체로 인성교육의 목적에 가장 잘 부합할 수 없으며, 인성교육에서 끊임없이 변화하는 상황에 맞게 다양한 접근 방법에서 통찰력을 지속적으로 끌어내는 통합적이고 적응적인 접근 방법이 필요하다.

결론

우리는 이 장에서 고등교육에서의 인성교육이 미래 시민의식을 육성하는 기회로 중요하다고 주장했다. 부분적으로 도덕적 지리와 관련된 대학생의 상대적으로 안정된 인성에도 불구하고 여전히 시민의식을 향한 인성교육을 인도할 여지가 있다. 비판적 및 협상된 접근 방법들은 대학생을 지식과 기술뿐만 아니라 합리적인 도덕적 판단과 실천을 할 수 있는 능력과 기질을 갖춘 예비 시민으로 변화시키는 목적에 부합할 수 있다.

참고문헌

Arthur, J. (2005), The re-emergence of character education in British education policy. *British Journal of Educational Studies*, *53*(3), 239-254.

Bates, A. (2019), Character education and the 'priority of recognition'. *Cambridge Journal of Education*, *49*(6), 695-710.

Brady, L. (2008), Strategies in values education: Horse or cart? *Australian Journal of Teacher Education* (Online), *33*(5), 81-89.

Bufacchi, V. (2021), Truth, lies, and tweets: A consensus theory of post-truth. *Philosophy and Social Criticism*, *47*(3), 347-361.

Carr, D. (2006), The moral roots of citizenship: reconciling principle and character in citizenship education. *Journal of Moral Education*, *35*(4), 443-456.

Chappell, Z. (2012), *Deliberative democracy: A critical introduction*: Macmillan International Higher Education.

Clemente, B. G. (2019), Philippine Literature as a Vehicle to Strengthen Values Education. *Asian EFL Journal Research Articles*, *24*(4.2), 443-468.

Colby, A. (2008), Fostering the moral and civic development of college students. *Handbook of moral and character education*, 391-413.

Cresswell, T. (2005), Moral geographies. In *Cultural Geography. A Critical Geography of Key Ideas* (pp. 128-134): IB Tauris.

Demirhan Iscan, C. (2011), Values education and some suggestions to teachers. *Hacettepe University Journal of Education*, *40*, 245-255.

Duchesne, S., & McMaugh, A. (2016), *Educational psychology: for learning and teaching* (5th ed.). South Melbourne, Victoria: Cengage Learning.

Engelen, B., Thomas, A., Archer, A., & Van de Ven, N. (2018), Exemplars and nudges: Combining two strategies for moral education. *Journal of Moral Education*, *47*(3), 346-365.

Harrison, T., Bawden, M., & Rogerson, L. (2016), Teaching character through subjects. *Research Intelligence*, *130*, 14-16.

Huitt, W. (2004), Values. Educational Psychology Interactive. *Retrieved* August 3, 2020, from http://www.edpsycinteractive.org/topics/affsys/values.html

Jerome, L., & Kisby, B. (2019), *The rise of character education in Britain: Heroes, dragons and the myths of character*. Springer Nature.

Kalpokas, I. (2019), *A political theory of post-truth*. Cham, Switzerland: Palgrave Macmillan.

Kenan, S. (2009), The Missing Dimension of Modern Education: Values Education. *Educational Sciences: Theory and Practice*, *9*(1), 279-295.

Lickona, T. (1991), Educating for character (New York, Bantam). *McCl ET nAN, BE* (1992) *Schools and the Shaping of Character: moral education in America*, 525-543.

_____ (2004), *Character matters: How to help our children develop good judgment, integrity, and other essential virtues*: Simon and Schuster.

Lovat, T. (2017), Values education as good practice pedagogy: Evidence from Australian empirical research. *Journal of Moral Education*, *46*(1), 88-96.

Magno, C. (2010), The role of metacognitive skills in developing critical thinking. *Metacognition and Learning*, *5*(2), 137-156.

Maphalala, M. C., & Mpofu, N. (2018), Embedding values in the South African curriculum: by design or default? *South African Journal of Education*, *38*(3), 11.

McComas, W. F., & Abraham, L. (2004), Asking more effective questions. *Rossier School of Education*, 1-16.

Memmi, D. (2017), Comparative foundations of Eastern and Western thought. *AI & SOCIETY*, *32*(3), 359-368.

Mills, S. (2021), *Mapping the Moral Geographies of Education: Character, Citizenship and Values*. Routledge.

Osler, A. (2016), Citizenship education, social justice, and BREXIT. *Research Intelligence*, *130*, 11-13.

Pendergast, D. L., & Bahr, N. (2010), *Teaching middle years: Rethinking curriculum, pedagogy and assessment* (2nd ed.). Crows Nest, NSW: Allen & Unwin.

Picketty, T. (2014), *Capital in the twenty-first century* (A. Goldhammer, Trans.). Cambridge, MA; London, UK: Harvard University Press.

Roman, O., Valentin, M., & Nina, S. (2018), Neoliberalism in higher education as a challenge for future civilization. *Философия и космология*, *20*, 113-119.

Smith, A. (1976), The theory of moral sentiments, with an introduction by EG West. *Indianapolis: Liberty Classics*.

Sunstein, C. R. (1994), Political conflict and legal agreement. *The Tanner Lectures on Human Values, Delivered at Harvard University, November, 29.*

Superka, D. P., Ahrens, C., Hedstrom, J. E., Ford, L. J., & Johnson, P. L. (1976), Values education sourcebook. Colorado: Social Science Education Consortium.

Zajda, J. (2018), Researching Values Education in the Classroom: A Global Perspective. *Education and Society*, *36*(2), 29-47.

Character education in higher education in the new era

From character to citizenship

—

Lanting Wang and M. Obaidul Hamid

Introduction

Education is the art of making man ethical.

– *Georg Wilhelm Friedrich Hegel*

Reacting to German philosopher Hegel's view of education being *the art of making man ethical*, Smith (1976) argues that the foundation of society should be based on an authentic and well-grounded morality. The end goal of education throughout history has been to form good character among students and produce good citizens (Arthur, 2005). The hope to cultivate ethical citizenship functions as the ideological driving force behind character education. The global society in the 21st century has been riddled with social and moral crises which pose great threats to the healthy and sustainable existence of humanity. To a large extent, these crises can be attributed to moral deficiencies. While the contribution of economic and technological advancement has been immeasurable, such advancement has also led to value conflicts which in turn have caused moral degradation (Clemente, 2019), making people more self-centred, unfree, and machine-like. The moral degradation has been noted in the realm of human search for knowledge, knowing and the truth. The truth seems to be losing its appeal giving preference to what is called "post-truth" (Bufacchi, 2021; Kalpokas, 2019). The prevailing moral decadence is expressed through a variety of immoral behaviours perplexing modern society associated with drugs, depressions, suicides, violence, and high crimes, all posing challenges to the desire for good citizenship in society. The hope of cultivating ethical citizenship and the fear of immoral behaviours are in constant flux; they are "spatialised through institutional geographies, and most powerfully through education" (Mills, 2021: 11).

Modern society has privileged the neoliberal mantra (Roman, Valentin, & Nina, 2018) which rules out values related aspects and focuses on materialist goals and outcomes. The neoliberal strategies of commercialization and privatization have exacerbated social inequity, which has emerged as a global reality of the capitalist world (Picketty, 2014), and are increasingly encroaching the foundation upon which humans live. Most measures that are taken to address the various consequences of the pursuit of neoliberal policies are usually deemed insufficient since they fail to address the underlying causes that generate these problems. Character education has become only a weak link in modern education system as the latter has overemphasized cognitive and intellectual improvement while discounting moral aspects in a so-called knowledge-and technology-driven economy (Kenan, 2009). The COVID-19 pandemic has further exposed the various divides including digital ones and their impact on education and intensified the conflicts within the nation-state and beyond, calling into question the neoliberal solution to educational problems and highlighting the urgent need to redefine the notion of "good education" and stabilise an equilibrium between material development and spiritual values to address various social-economic, cultural, and political challenges. This equilibrium should be capable of enabling individuals to discriminate between the "good" and the "bad" and internalize good character essential for human wellbeing in a collective sense. In response to this call, there has been a revival of interest in character education in recent decades (Bates, 2019), which is expressed by the return of character education agenda. However, most emphasis of character education has focused on children and young people, whereas the case of higher education, a crucial transitional period channelling students as future citizens, has rarely been touched upon. In addition, whatever the basic consensus is on the desirability of its ultimate goals, the terms the references of character education have been contested (Mills, 2021) in terms of what counts as character education, what are its purposes, and what is to be done to achieve those purposes.

The concept of character education

Character education is generally understood as a specific approach geared towards fostering desired character traits in students at all levels of education via formal and informal learning activities. However, it has been defined in different ways from different perspectives. For example, it is understood as an approach to moral or values education (Arthur, 2005), as well as a process to implant character by fostering moral and good values (Engelen, Thomas, Archer, & Van de Ven, 2018), to name just a few. Character education is closely related to the concept of moral and values education which is broader in scope and less specific about what constitutes character education (Arthur, 2005). Character represents an interlocking set of personal values which normally guide our conduct and define who we are and who we will turn to (Arthur, 2005); it is constituted by three unseparated moral aspects, namely moral knowledge, moral feeling, and moral attitude (Lickona, 1991). It is called values when it is translated into actual behaviour (Lickona, 2004). Virtues are settled traits of character, which are concerned with morally praised conduct in specific spheres of human life (Harrison and Bawden, 2016). Despite the subtle differences, the four terms *character education*, *moral education*, *values education*, and *virtue education* are often used interchangeably in educational discourses. It is noteworthy that the values that make up character are not fixed, but can be modified (Arthur, 2005). The dynamic nature of values holds out the promise of forging virtuous citizens through ongoing character education. Meanwhile, alongside the hard-to-measure feature and heterogeneous dispositions among individuals and across societies, it also poses challenges to character education in terms of the selection of content and approaches.

Character education for citizenship in higher education

Research evidence has indicated that values-based knowledge and skills contribute to students' wellbeing by enhancing their academic achievement and social and emotional development (Lovat, 2017) as well as empowering them to better deal with the challenges facing them (Maphalala & Mpofu, 2018). Although college students, most of whom are adults, are generally more fully developed on moral dimensions than younger students, it is not necessarily true, as developmental variables seem to be less correlated with age than with educational attainment (Colby, 2008). Therefore, there is still immense room for improvement in college students' moral dispositions, including values, goals, and attitudes; these changes are sustained after college. Colby further argues that education is not complete until students not only have acquired knowledge but also can use that knowledge to act responsibly. However, the so-called "education *industry*" supported by the narrowly defined vocational preparation that underappreciates humanities has led to a growing shift towards the path of efficiency and economic accountability. This has resulted in squeezed space for ethical and moral dimensions and is likely to weaken the capacity of higher education to prepare "thoughtful, engaged citizens and persons of integrity and moral wisdom" (Colby, 2008: 382). Colby (2008) makes the argument that if higher education is to support the kind of graduates who would be responsible citizens with good character or virtues, it should include "a full account of competence to act in the world and the judgment to do so wisely" (p. 368). This competence goes far beyond occupational competence to include consideration of judgment, the appreciation of both ends and means, and "the broad implications and consequences of one's actions and choices" (p. 368), calling for a renewed commitment to embedding the marginalized character education into every field of study (Colby, 2008). The suggestion of nurturing moral and civic values in higher education raises a set of fundamental but potentially contentious questions in terms of what constitutes character education, what is its purpose and what is to be done to achieve that purpose within the heterogeneous societies.

Although some scholars have underlined the complex and nuanced relationships between character education and citizenship education given the moral roots of citizenship (Carr, 2006), others have tended to warn against overstating the perceived similarities between the two concepts (Osler, 2016), or even suggest a clear-cut distinction between them (Jerome & Kisby, 2019). For example, Osler (2016) points out that character education is more about the moral dimension and the individual, whereas citizenship education emphasises the collective good and has both moral and political dimensions. Jerome and Kisby (2019) strongly advocate citizenship education rather than character education, arguing that the individualistic moral focus of character education does not recognise the social nature of human beings that engages us in complex and divisive issues as ingredients of a society. For them, character education is "best viewed as deeply flawed in both theory and practice" (p. 3) as it tends to equate good person with the good citizen.

In this chapter, we argue for a comprehensive and critical take on the relationship between character education and citizenship education. Overall, we understand character education as a gateway to and an integral part of citizenship education. We also consider higher education as a site for the transformation of character into citizenship, a site where college students transform from individuals with good character into qualified future citizens. Thus, we acknowledge the strong connections between the two concepts and argue that citizenship has its moral character roots and is a product of moral character. At the same time, we are also cautious about the subtle differences between them. For example, individual moral attributes are linked to character education while collective political attributes are associated with citizenship education (Osler, 2016). Combining personal virtues and the collective good, ideal citizenship functions as an essential ideological rationale for character education at all stages, including higher education.

Moral geography: Eastern and Western perspectives on character

Values are subjective and relative (Zajda, 2018) rather than objective and absolute, being subjected to varying societal contexts (Huitt, 2004). The answer to the question of what counts as good character is somewhat controversial, being infused with "a geographical imagination and shot through with ideology" (Cresswell, 2005: 128). Research has examined the moral geographies across temporal and spatial contexts, within which Eastern and Western cultures are often considered two opposite philosophies of life causing international conflicts. At the risk of simplification and somewhat stereotyping, we consider the examination of the cultural foundations of Eastern and Western societies as an elaboration of the cultural roots of moral geography. The cultural foundations of traditional Eastern and Western worldviews are viewed as largely incompatible which lead to distinct patterns of thoughts, attitudes, and behaviours prevalent in Eastern and Western societies

(Memmi, 2017). According to Memmi (2017), the "West" mainly represents Western Europe and its cultural offshoots, while the "East" mostly refers to China and countries strongly influenced by Chinese culture, such as Japan and Korea. He examines in detail the cultural assumptions of Eastern and Western societies. As he acknowledges, Greek philosophy and Biblical beliefs provide the framework of Western thought, while the foundations of East Asian worldview generally derived from the Chinese classics in terms of Confucian as well as Taoist and Buddhist philosophies which are strongly influenced by Confucianism. Western worldview is also characterised by a God-created universe with explicit laws, whereas an implicit, quasi-organic order prevails in East Asian perspectives. The ideological divergences result in distinct personal attitudes: the West is dominated by an individual quest for God's truth while the East pursues social and natural harmony or conformity. Often accompanied by religious and political debates, Western morality is often quite dogmatic and narrow and gives paramount importance to analysis and deductive reasoning. This stand is in sharp contrast with Eastern moral and social attitudes that are more flexible and tolerant, more supple and fluid, and tend to advocate holistic attitudes about the world, perceiving situations as a whole and avoiding analysis into components.

Despite the absence of agreement about what counts as good values, East-West cultural tensions should not be overemphasised, as Eastern and Western cultures are not completely incompatible with clear-cut boundaries between them. More common heritage than difference has been revealed during the process of spiritual, philosophical, and scientific interchange between the East and the West (Memmi, 2017). Furthermore, some features of Eastern worldview such as the flexibility and dynamic tendency of Eastern views are also appealing to the Western culture which has too often suffered from the plague of dogmatism and intolerance (Memmi, 2017).

Drawing insights from Sunstein's (1994) analysis of how law is possible in a plural society, "incompletely theorized agreements" on what core values to be fostered in character education in heterogeneous societies can possibly be reached without agreement on fundamental principles. A common ground formed by some basic values can be found to guide higher education institutions' efforts to foster students' virtues and citizenship (Colby, 2008). Inspired by Colby's (2008) work, it is important to foster a range of commonly appreciated values such as intellectual integrity, concern for truth, and academic freedom, procedural fairness, concern for both individual and collective rights and well-being, mutual respect and tolerance, resilience, responsibility, and critical self-reflection. Some other common core values may derive from institutional culture and obligation to educate students for responsible democratic citizenship as well as the commitment to educating for leadership and contribution to society (Colby, 2008). However, such an incomplete consensus is not entirely stable and is prone to the pitfall of equating character education with behavioural intervention in a behaviourist fashion (Arthur, 2005).

A brief review of existing strategies for character education

Research has identified a variety of strategies for character education to address the "foundational issues" that confront educators. These issues are encapsulated by the question of what is to be done to foster character education. For example, Superka, Ahrens, Hedstrom, Ford, and Johnson (1976) identified inculcation, moral development, analysis, values clarification, and action learning as five basic approaches to values education. These approaches are further examined by Demirhan Iscan (2011). Brady (2008) discusses four strategies for values education namely the trait approach, values clarification, the cognitive-developmental approach, and role-play. Underpinned by various assumptions, each approach represents a particular view of human nature and involves the aims, processes, and methods of character education (Huitt, 2004).

Values inculcation approach considers character education as a process of instilling and internalizing universal values to students (Demirhan Iscan, 2011) who are treated as passive recipients (Huitt, 2004). It assumes that certain values are uncontested and unchanging, agreed upon by society, and are appropriate for all situations (Huitt, 2004). This assumption raises questions such as "what values" and "who determines them" (Brady, 2008) and "how to define them". Although indoctrination or inculcation is the choice of those teachers who try to impose values, telling students "what to do" and "have to be" without giving alternatives may threaten their freedom and discourage their initiatives. For this reason, it would be better if teachers offer some opportunities allowing students to scrutinize and explore alternatives (Brady, 2008) as the values clarification approach requires. This approach relies on external variables (Huitt, 2004) but often turns a blind eye to the active role of students in constructing meanings as well as the heterogeneity across individuals and contexts.

Two other approaches called *values clarification approach* and *action learning approach* treat students as members of society who dynamically develop their characters through situated social interactions. *Values clarification approach* is grounded in human reasoning (Huitt, 2004b); it views character education as a process of self-actualization during which students make independent moral choices among alternatives with justification, share their values with others, and actualise their values based on their full awareness of the consequences of each alternative (Demirhan Iscan, 2011). Recognising the relativity of values and the need to clarify values in meaningful contexts, and the agentive role of students in this process, this approach seeks to foster students' awareness of the diverse values held by themselves and by people around them, encourage interpersonal communication about values, and enhance students' ability to use logical thinking and emotional awareness to examine values questions (Brady, 2008). In comparison with *values clarification approach*, *action learning approach* emphasises the social context as an essential source of values without which values cannot be described or explained (Huitt, 2004).

Moral development approach, analytical approach and critical thinking approach are three interrelated approaches. While each acknowledges the importance of moral reasoning skills, there are some subtle differences between them. *Moral development approach* is underpinned by the assumption that individuals develop their moral judgment in a progressive manner, from the current stage to a subsequent higher level (Huitt, 2004). It focuses on personal moral dilemmas and suggests introducing structured and debatable moral dilemmas into group discussions to guide students to make moral choices with justification (Huitt, 2004). *Analytical approach*, constructed based on logical and empirical processes (Huitt, 2004), focuses mainly on social values (Huitt, 2004) and emphasises rational thinking and reasoning in facilitating students to use logical thinking and scientific inquiry to address value-related issues.

The models discussed above generally fall into a content-centred pattern characterised by "objectives" or "means-end". However, it is the "how" (the means) rather than the "what" (the content) that should be the imperative for character education (Brady, 2008). Without underappreciating the importance of "what" which lays the foundation for character education, Brady (2008) uses "the horse that drives that cart" as an analogy to suggest more attention to be paid to means over ends. He argues for a comprehensive consideration to address the interactive relationship between content and learning strategies. In contrast to these ends-oriented models, *critical thinking* attaches more importance to the means used (Demirhan Iscan, 2011) rather than focusing on aims. Despite this divergence, critical thinking shares some qualities with *moral development approach* and *analytical approach*. For instance, it uses analysis and comparison as the main tools. In addition, Demirhan Iscan (2011) identifies that both critical thinking approach and moral development approach: a) are cognitive skills-oriented; b) focus on analysing and communicating values; and c) include pedagogical strategies for character education.

Innovative and comprehensive strategies for character education in higher education

The previously discussed approaches provide insights for educators from all levels of education to organize suitable strategies for character education. Although values clarification and moral reasoning, with their individualistic moral focus, are of great importance for character education as they form the basis for generating reasonable social behaviour, they, as Jerome and Kisby (2019) acknowledge, miss the point about how we engage in difficult and divisive issues as members of a society. Thus, Jerome and Kisby (2019) warn that these issues should not be treated solely as personal issues but crucially as collective, public issues which are part of the broader project of citizenship education. However, they suggest individualistic moral focus as an optimistic starting point for citizenship education by extending the discussion about personal moral issues to public realms to develop students' understandings of "how democratic societies function, and the role that citizens can play in sustaining them" (p. 121). Due in part to the profuse number of approaches to character education and the overlaps and inconsistencies between them, there is a need to remove less important ones from the typology and integrate several approaches into one (Demirhan Iscan, 2011). Focusing on our argument of using character education as part of citizenship cultivation and considering the diverse and relatively settled character held by college students, we put forward critical approach and negotiated approach as two major approaches to character education in higher education.

Critical approach

Critical thinking should be highlighted in every aspect of our life, especially in the age of information explosion. Character education may work well with an inquiry-based approach and constructivist learning and teaching (Zajda, 2018). The critical approach focuses on the process of and means towards values education for facilitating students to use comparative ideas and analytical tools to progressively reflect and develop their values, make moral judgments, and deal with value-related issues. Characterised by five factors namely inference, recognition of assumption, deduction, interpretation, and evaluation of arguments (Magno, 2010), critical thinking requires students to engage in higher-order thinking skills such as evaluation and analysis (McComas & Abraham, 2004). Teachers are expected to move students to the critical realm of values inquiry and assist them to become critical thinkers (Pendergast & Bahr, 2010). Character education adopting a critical approach may include activities such as selecting favourable value-laden learning materials, identifying students' current values orientation, posing questions, group discussion, bringing an end to the activities and documenting students' responses. During this process, teachers should support students to be explicit about the values dimension implied in learning materials and relate it to specific contexts, based on which to generate and share personal ideas. The teaching of critical thinking should begin with questioning (McComas & Abraham, 2004). Linked to differentiated values held by college students at the entry point, critical questions need to emphasize *how*, *why*, *so what* and *what if* instead of *what*. This kind of approach, if applied appropriately, can stimulate students' insightful ideas to challenge original assumptions and show their own values tendency. However, it is noteworthy that critical or higher-order thinking is based on the premise that students have obtained a deep understanding of the values or ideologies inherent in the original content (Pendergast & Bahr, 2010).

Despite the promising benefits, the "dangers" of introducing critical practices are to be noted because such practices often involve new strategies and activities that may contradict the requirements of using worksheets and lesson plans (Pendergast & Bahr, 2010). Moreover, the critical approach may generate students' awareness of specific values that are inconsistent with those the texts were supposed to foster. When using a critical approach, it is particularly important to implement adaptive pedagogies in order to deal with students' diverse reactions. Especially when it refers to sensitive topics such as gender bias and race, careful design and timely support are required to minimize possible conflicts.

Negotiated approach

It is common that a value perceived as desirable by one individual in one context contradicts or even opposes that by another individual in another context. Whatever our own set of values are, we cannot avoid engaging with others, which may engender some interpersonal conflicts or even political ones when they go to the public sphere. College students bring their own criticisms, which may provide an opportunity for an engaging discussion about values; ignoring the divergence may disengage students, especially those whose values are different from their teachers, and may result in conflict (Pendergast & Bahr, 2010). This entails the need to negotiate an acceptable solution rather than trying to impose them to other people. Based on previous research, Colby (2008) illustrates three major clusters of capacities that are critical to a full and continuous development of moral and civic functioning during the college years. The first major area refers to moral and civic *understanding* of complex issues and institutions, and a sophisticated grasp of ethical and democratic principles about what is right. The second is more about *motivation* to do the right thing and the last represents the domain of actual *practice*. In the light of Colby's (2008) ideas, the negotiated approach is expected to foster mutual understanding with respect and motivate students to transform their values system and characters and make reasonable and acceptable moral judgments in their practices. Underpinned by the idea of moral relativism, this approach is compatible to values clarification which emphasizes the active participation of students (Brady, 2008; Demirhan Iscan, 2011) and action learning approach which recognizes the importance of social contexts and interpersonal interactions in dealing with value-related issues (Huitt, 2004b). The negotiated approach favours a democratic deliberation which requires us to consider others' interpretations of our opinions as well as how we can appeal to them in the most favourable way; it also directs us to listen and better understand others' opinions and underlying moral underpinnings (Chappell, 2012).

In a negotiated classroom, the teacher is expected to act as a facilitator by asking open-ended and heuristic questions to promote engagement; students are not passive recipients of information, but active participants who are encouraged to invest their commitment to their learning journey. The teacher inspires students to express their ideas about certain issues through listing, prioritizing, ranking, or classifying activities (Brady, 2008); each student in this process is encouraged to share their choices with justification. The teacher can also negotiate the curriculum with students and utilize students' voices in decision-making about the "what" and "how" to explore (Pendergast & Bahr, 2010). In this way, the embodiment of the widely advocated value of democracy in the negotiation process itself could be a resource for values education. For the teacher, the complexity and diversity in terms of values arising from the negotiation process can inform teachers' decision-making. For students, being allowed to participate in classroom decision-making may foster their sense of control or ownership that can improve their learning outcomes (Duchesne & McMaugh, 2016).

The negotiated approach as a transformed appreciation of moral debate appreciates the complexity of the public values and opens up the possibility of mutual understanding and conciliation (Jerome & Kisby, 2019). It can help make explicit the values held by individuals, promote conversation and reduce conflicts. However, despite these advantages, this approach has its pitfalls. For example, overuse of negotiation may disrupt teaching arrangement and confuse students by making them feel lost. Thus, teachers must pay attention to the level of student negotiation (Pendergast & Bahr, 2010). A balanced level of negotiation should fit in with students' learning experiences and adapt to the changing situation in the teaching process. In this sense, teachers should be prepared to move back and forth between teacher-directed and student-negotiated pedagogical styles. It is noteworthy that each approach can do the best only when teachers act as role-models for the preached values and dispositions because teachers' attitudes and behaviours significantly affect students' values (Pendergast & Bahr, 2010). In addition, considering the complexity and heterogeneity among college students, no approach on its own may be adequate to best serve the purpose of character education, calling for an integrated and adaptive approach that constantly draws insights from different approaches to suit the ever-changing situations in character education.

Conclusion

We have argued in this chapter that character education in higher education is important as an opportunity to foster future citizenship. Despite the relatively settled character — which is in part associated with moral geographies—of college students, there is still room for leading character education towards citizenship. Critical and negotiated approaches may fit in with the aim of transforming college students into prospective citizens who are equipped with not only knowledge and skills but also the capability and dispositions to make reasonable moral judgements and practices.

찾아보기